FONTANA

OVIDIO

EL ARTE DE AMAR
EL REMEDIO DEL AMOR

TRADUCCIÓN:
FELIPE PARIO CARRIO

PRÓLOGO Y PRESENTACIÓN:
FRANCESC LLUIS CARDONA,
Doctor en Historia y Catedrático

EL ARTE DE AMAR,
EL REMEDIO DEL AMOR,
Ovidio

Prólogo / Presentación: Francesc Lluis Cardona
Traducción: Felipe Pario Carrio
Diseño gráfico / Ilustración portada: Daniel Jurado

Edita: Olmak Trade S.L.
C/ Roca Plana 1
08110 - Montcada i Reixac
Barcelona (España)

www.olmaktrade.com
info@olmaktrade.com

 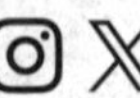

@O_BookTrade
#ClásicosFontana

Impreso en España / Printed in Spain

I.S.B.N: 978-84-10109-65-0
Depósito Legal: B 10101-2024

Estudio preliminar

Publio Ovidio Nasón*: El autor y su mundo

La mejor autobiografía del poeta nos la ofrece él mismo, de forma dispersa y sobre todo en sus *Tristia,* de forma exquisita y llena de detalles. Gracias a estas fuentes sabemos que nació en Sulmona, a unos 150 kilómetros de Roma, un 20 de marzo del año 43 a. C., en el seno de una familia modesta, pero de rancio abolengo ecuestre (de caballeros). Hacía un año que Julio César había sido asesinado y el mismo año en que el gran Cicerón caía también víctima de una venganza política.

Era una época de transición de un período republicano plagado de guerras civiles a uno monárquico-imperial de mayor estabilidad. Como tantas veces ha sucedido en la historia de todos los países y tiempos (y sucederá), los propios republicanos más moderados se "autosuicidaron", cansados de tanta violencia, y prefirieron terminar con su régimen de libertad, encomendando a Octaviano "el augusto" la instauración de una paz deseada por todos.

Pero los planes del nuevo "César" iban más allá de la reforma militar, administrativa o económica, sino que alcanzaban también el plano moral y espiritual. Toda la antigua tradición debía acomodarse al inicio de una segunda "edad de oro", y el vehículo más idóneo para este auténtico cambio, en el que los viejos valores que

* Al parecer con este "agnomen" (especie de "apodo") por su nariz.

pudieran adaptarse no tenían porque ser despreciados, era la literatura.

El clasicismo, cuya prosa había llegado ya a un alto nivel, alcanzaría ahora, en su vertiente poética, su mejor momento, espoleado por el formalismo, pero sobre todo, por el patronazgo del príncipe o Emperador. Recordemos que Mecenas, el gran amigo de Octavio, dio nombre al altruismo de cualquier persona de elevada alcurnia política o financiera como protector de los artistas y las artes: *Mecenas = mecenazgo*. Virgilio y Horacio participan del sistema y llevan la poesía como instrumento al servicio del emperador, para mayor gloria de su majestad y de la patria.

Ovidio constituye una excepción al sistema. Niño aún, se trasladó a Roma a realizar sus estudios, que perfeccionó en Grecia, a donde iba todo el que deseaba recibir una educación esmerada que le permitiera realizar, en su caso, una carrera política como deseaba su padre. Corre el año 31 a. C., año de la decisiva batalla de Actium, por la que Octavio vence a Marco Antonio y queda como único dueño de los destinos del Imperio. Ovidio viste la toga viril, a la vez que el Senado romano concede a Octavio el título de Augusto.

Poco sabe Ovidio de las recientes sangrientas guerras civiles, pronto las musas espolean su vocación innata —nos llegará a decir que "cuanto hablaba, verso era"— hasta hacerle abandonar el "cursus honorum", del que ya había alcanzado los primeros grados, y ponerse al servicio de la poesía. Se relaciona entonces con el círculo literario de Mesala Corvino; allí conoció a Horacio y a Virgilio y gozó de la amistad de Propercio, el gran cultivador de la elegía. Gracias a él aborda la obra de Cátulo y Tíbulo, que trajeron a Roma las pulidas formas helénicas, con Calímaco como principal representante.

Ovidio comenzó a ser así un poeta del amor, el gran autor de elegías compuestas para una determinada mujer o para un determinado nombre de mujer, moda que según la tradición había introducido en Roma Cornelio Galo y habían seguido Tíbulo cantando a una tal Delia, Propercio haciendo lo propio con Cintia y Cátulo con Lesbia. Ovidio hará lo propio dirigiendo sus versos a una (¿una o varias?) misteriosa Corina, real o fingida.

En el año 15 a. C. Ovidio publica sus *Amores*, inspirados quizá no tanto por la vivencia personal, sino por la retórica.

En una corte imperial cada vez depravada en sus costumbres, en la que Octavio Augusto se desespera clamando en el desierto, sobresale el poeta de Sulmona por su sutileza y perspicacia, llegando a ser pronto el primer poeta mundano de la Ciudad Eterna. Ello le acarrearía fatales consecuencias.

Tres años más tarde y excepcionalmente, Ovidio, que ha quedado cultivado por la tragedia helénica *Medea*, da a luz su versión. Este episodio no le impedirá inmediatamente continuar en su línea de literatura amatoria y así compuso sus *Heroides*, elegías combinadas con el género de la epístola, que escribió a la vez que sus *Amores*. Aunque a algunas se ha negado que fueran del cálamo de nuestro poeta, se discute la fecha de su composición exacta, así como el problema de su agrupación en dos bloques definidos por sus diferencias métricas y estilísticas, y si entre el tiempo de composición de ambos grupos se produjo el infausto destierro del escritor.

A poco más de cumplir cuarenta años, Ovidio alcanza la madurez de su talento y reafirma su prestigio como poeta irrepetible del amor. Sería la redacción del *Ars Amatoria* o *Ars amandi*, que analizaremos después, la obra que le daría el espaldarazo.

Después nuestro escritor seguiría buscando el aplauso redactando obras de carácter mitológico y etiológico, como en su juventud había realizado con su *Gigantomaquia*, sólo que con una acabada madurez. Así dio a luz a las *Metamorfosis*, el título más sobresaliente junto con el *Ars Amandi*, y los dos más conocidos.

Ovidio se casó tres veces. El primer matrimonio con una mujer poco digna, que no podía darle hijos, acabó pronto con el divorcio; un segundo enlace con una mujer de buenas costumbres, pero incapaz de una larga convivencia con el poeta terminó también al poco tiempo. Sólo el tercero fue duradero: la esposa, muy joven, perteneciente a la *gens* Fabia, relacionada con la familia imperial, conservó siempre su amor al poeta, tanto en los días felices como en los infaustos.

El deseo de Augusto por recuperar los antiguos valores de Roma, espolea el interés con que el siglo I vuelve la mirada hacia un pasado cada vez más remoto y oscuro, actitud esta que lleva aparejada la revitalización de la primitiva religión romana. Ovidio se hará eco de ello y simultaneará con las *Metamorfosis* la redacción de los *Fastos,* en los que plasma con su formidable vena poética aspectos diversos del calendario romano que recorren sin distinción, la ciencia, la historia y la leyenda.

El poeta llevaba una vida placentera, entre las elegancias de la *jetset* de la época, la poesía y las alabanzas que resonaban cada vez con más fuerza a su alrededor. Ya entrado en su madurez, cuando parecía que gozaría de una tranquilidad bien merecida, la desgracia cambió el rumbo de su existencia. En el año 8 d. C., una orden del propio Augusto le intimaba a abandonar sin tardanza Italia y exiliarse en la lejana y desolada región del Ponto, junto al mar Negro. Al propio tiempo se excluía de las bibliotecas públicas el *Ars Amandi,* publicado algunos años antes.

El motivo de tan duro castigo, que arruinaba totalmente la vida de un hombre ya maduro, continúa siendo un misterio. La razón oficial de condena por una obra, el *Ars amandi*, salida a la luz ya hacía tiempo, cuesta de creer, más cuando Ovidio poco antes de su destierro había iniciado un camino literario que tendía a corregir ofensas pasadas y a seguir las orientaciones imperiales. El propio Ovidio nos dirá que le perdieron un poema (*carmen*), cosa bastante difícil de pensar y un *error*. Este error que nos daría la clave del enigma jamás fue desvelado por el poeta, aunque a veces lo llama también culpa, crimen, estupidez e imprudencia.

Los interrogantes abiertos no han encontrado contestaciones fiable: ¿qué relación existía entre el destierro de la propia nieta del emperador Julia dictado el mismo año que el del poeta? ¿Había influido el *Ars Amandi* en la licenciosa conducta de Julia? ¿Había presenciado Ovidio un acto criminal o incestuoso del propio Augusto, o bien, sabía demasiado —sin quererlo— en relación con el Fiseo?

Otros han argumentado que Ovidio habría sido captado por una secta neopitagórica de carácter antimperial y republicano, ¿qué papel había jugado Livia, la propia esposa del emperador? ¿Era Corina la cantada en los *Amores*, la propia Julia nieta de Octavio Augusto?...

La localidad de Tomi, antigua colonia de Mileto, y entonces pequeña plaza fuerte en los confines del Imperio, se hallaba habitada por primitivos getas con algunos griegos barbarizados, era árida, inclemente e insegura. Ya no volvería Ovidio a Italia, desde su lejano exilio suplicaría y esperaría en vano su perdón. Ni siquiera Tiberio, sucesor de Augusto, quiso escuchar la voz de aquel poeta extrañado que, desde su retiro forzoso, celebraría en lengua geta la gloria y las virtudes del Emperador. Allí fallecería el 17 d. C.

Su vena poética no se vio en absoluto mermada por su infortunio. Muy al contrario, estimulado ahora por la nostalgia, sirvió de desahogo a su dolor. El resultado fueron dos colecciones de elegías llenas de sentimiento: los *Tristia* y las *Epistolas ex Ponto*, pertenecientes al género epistolar. Poemas de exilio que adolecen de elegancia artística, pero que poseen la fuerza del que desea proclamar la injusticia por el duro castigo y el mover a la autoridad imperial a su revocación.

Muerto sexagenario, en el exilio y en el olvido, sólo su poesía le agradeció la lealtad con que se vio servida :

"Esto baste en mi epitafio, que mis libros
mayor gloria me han de procurar, y más dilatada:
ellos, a fe que lo sé, aunque me hirieron,
nombre darán a su autor y larga vida."

Sin embargo, la buena suerte que le faltó al poeta y cuando más necesitaba de comodidades y de consuelo, sonrió a su obra poética. Desde la mano anónima que grababa versos ovidianos en los muros de Pompeya hasta los poetas latinos de la época carolingia, a los poetas franceses de los siglos XIII y XIV, a los eruditos y literatos de las épocas siguientes, se desarrolla una serie continua de testimonios del favor con que en todo momento ha acompañado a la producción ovidiana.

Estudio especial de *Ars Amatoria* o *Ars Amandi*

Se trata de un tratado didáctico, en el que la crítica ha señalado ser el compendio de lecciones que las situaciones diversas de los *Amores* y las variadas epístolas de las *Heroides*, dedicadas a mujeres célebres de la leyenda helena, da a sus esposos o amante ausentes: Dido escribe a Eneas, Deyanira a Hércules, Medea a Jasón, Briseida a Aquiles, Enone a Paris…

Por esta época Ovidio había tenido de su segunda esposa una hija que, de maridos distintos, le había dado dos nietos. Dos veces divorciado, su tercera mujer tiene una hija habida de un matrimonio anterior. Pero el *Ars amatoria* que forma un conjunto junto con los *Remedia o Remedios de amor*, no es tanto el reflejo de la situación y la historia del amor personal del poeta, sino del sentimiento que dominaba tanto en la capital del Imperio como en el conjunto de Italia y que reflejaba los vicios y las inmoralidades de una sociedad que deseaba resarcirse de tantas y tantas guerras con una vida muelle y de refinamiento que aquélla creía merecida.

Ya hemos señalado como todo lo que nos explica el poeta en su obra había de chocar indefectiblemente con la política augustea de regeneración moral y de las costumbres y que espoleaba con su autoridad a los escritores a glorificar el nombre y la dignidad de Roma, más que censurar conductas. Desgraciadamente sería tarde y en vano cuando Ovidio terminaría reconociendo este proceder.

Sin embargo, algo debió intuir el poeta cuando interrumpió la publicación del *Ars*, para dar paso a dos pequeños tratados de corte también elegíaco y didáctico, el citado *Remedia* y los *Medicamina faciei*.

Los dos primeros libros del *Arte de Amar* son consejos a los hombres para retener, si lo desean, a las mujeres. El tercer libro se halla dedicado a las mujeres, a semejanza de los anteriores, pero son los hombres los objetos del deseo. Ovidio afirma que lo ha compuesto para "hacer juego limpio" y que no le duelen prendas.

En vista de que los conquistadores pueden quedar "prendidos", además de "prendados, en sus propias redes y sucederles lo que Roma con Grecia que la conquistó, "pero que a su vez fue conquistada por la superior cultura de la Hélade", propone unas soluciones para el mal de amores.

El *Ars Amatoria*, junto con los *Remedia*, son auténticos tratados de flirteo de la época, réplica clara y manifiesta de los tratados de gramática y retórica que era moda a la sazón en Roma con el nombre genérico de "ars discendi" (arte para aprender, tratado para los alumnos). Se trata de literatura didáctica, pero con un estilo fresco, humorístico y satírico, semejante en la forma a los tratados de Lucrecio y Virgilio, pero no en su exposición y fondo. El mismo título de *Ars Amatoria* es una parodia de los tratados de *Ars Rethorica* (para el bien hablar); incluso en la estructura tradicional y sus consejos. Lo que al arte de la retórica se refiere al discurso, en el arte de amar se refiere a la mujer, sobre el que Ovidio propugna igual adiestramiento que para la vida pública (exponer los puntos de vista en el foro).

A nadie escapa cuán grande resultó el éxito de una obra en la que se canta el adulterio y las astucias de las cortesanas y cuya amoralidad quedaba sellada por la rebeldía y el divorcio de los grandes ideales teóricos Augusteo-Virgilianos. Ovidio trata de modo frívolo los grandes temas: la religión, el programa constructivo imperial, los espectáculos públicos. Es probable que hubiera mucho de inconsciencia en el poeta por las consecuencias que su ligereza podía acarrearle. Augusto, sin un pelo de tonto, descubrió el peligro, pese a que el sulmonés intentó suavizar el carácter subversivo de la obra. La redacción del *Ars* sería esgrimida como motivo oficial para su destierro.

Antes del tercer y último libro, la obra de Ovidio redactaría los *Remedia* y *Medicamina faciei*, con el objeto indudable de reconciliarse con el mundo femenino. Ofrecer recetas cosméticas en el marco de un poema didáctico no era nuevo y había sido cultivado por el helenismo y la temática se acomoda bien a la admiración del poeta por la cultura de la época. Sin embargo, no sabemos, si Ovidio pudo terminar su propósito o bien se ha perdido, ya que del recetari o de los afeites sólo nos han llegado cincuenta dísticos.

Finalmente, en el tercer libro del *Ars* ya mencionado, Ovidio recogió con una disposición estrictamente paralela a los dos primeros, enseñanzas e indicaciones para el sexo femenino, así como un capítulo de posiciones eróticas que habría de convertir el hasta entonces "Arte de amar" en "técnica del amor."

Sin embargo, no todo en Ovidio es frivolidad o cinismo. Su ideal era la vida humanística que no renuncia a la inteligencia ni a los progresos que ésta conlleva, así como la desmitificación de la hipócrita vida rural a la que pretendía volver Augusto y sus amigos poetas aduladores de su persona. Ovidio admite tantas bromas como se quiera, pero siempre que sean inteligentes, agradables y que contribuyan a un auténtico desarrollo de la cultura nada sofisticada ni enmascarada. Por otra parte, el cantor del adulterio y de las astucias de las cortesanas nos dejó en las *Metamorfosis* el más sublime canto a la fidelidad conyugal (Filemón y Baucis).*

FRANCESC LLUIS CARDONA

* Véase el Libro VIII de Las Metamorfosis, parte IV de dicho "libro".

OVIDIO

EL ARTE DE AMAR

Libro primero

Si alguien en la ciudad de Roma no conoce el arte de amar, lea mis versos, y instruido por sus versos ame. El arte pone en movimiento con las velas y el remo las ágiles naves, el arte guía los veloces carros y el amor se debe regir por el arte. Automedonte* era habilísimo en la conducción de los carros y el manejo de las flexibles riendas; Tifis acreditó su maestría en el gobierno de la nave de los Argonautas; Venus me ha escogido para maestro de su tierno hijo, y espero ser llamado el Tifis y el Automedonte del amor. Éste en verdad es cruel, y a menudo experimenté su enfado; pero es un niño y apto por su corta edad para ser guiado. Quirón con su ira educó al jovenzuelo Aquiles, domando su carácter salvaje con la dulzura de la música; y aquel que tantas veces hizo temblar a sus enemigos e intimidó a sus compañeros, dícese que temblaba en presencia de un viejo cargado de años, y ofrecía sumiso al castigo del maestro aquellas manos que habían de ser tan funestas a Héctor. Quirón fue el maestro de Aquiles, yo lo seré del amor; los dos niños indomables y los dos hijos de una diosa. No obstante, el toro dobla la cerviz al yugo del arado y el potro generoso tiene que tascar el freno; yo me someteré al amor, aunque me destroce el pecho con sus saetas y sacuda sobre mí sus antorchas encendidas. Cuanto más riguroso me flecha y abrasa con simpar violencia, más me excita a vengar mis heridas.

* El áuriga de Aquiles.

Yo no haré creer, Apolo, que he recibido de ti estas lecciones, ni que me las enseñaron los cantos de los pájaros, ni que se me apareció Clío con sus hermanas * al apacentar mis rebaños en los valles de Ascra**. La experiencia guía mi poema; no despreciéis sus avisos saludables: canto la verdad. ¡Madre del amor***, alienta el principio de mi carrera! ¡Lejos de mí, tenues cintas, insignias del pudor, y largas túnicas que cubrís la mitad de los pies! Nosotros cantamos placeres fáciles, hurtos perdonables, y los versos estarán exentos de toda intención criminal.

Soldado novicio que te alistas en esta nueva milicia, esfuérzate lo primero por encontrar el objeto digno de tu predilección; luego trata de interesar con tus ruegos a la que te cautiva, y por último, gobiérnate de modo que tu amor viva largo tiempo. Éste es mi objetivo, éste el lugar por donde ha de volar mi carro, ésta la meta a la que han de aproximarse sus ligeras ruedas.

Pues te hallas libre de todo lazo, aprovecha el instante y elige a la que digas: "Tú sola me gustas". No esperes que el cielo te la envíe en las alas del Céfiro; esa dicha has de buscarla por tus propios ojos. El cazador sabe muy bien en qué sitio ha de tender los lazos a los ciervos y en qué valle se oculta el jabalí feroz. El que acosa a los pájaros, conoce los árboles en que ponen los nidos, y el pescador de caña, las aguas abundantes en peces. Así, tú, que anhelas una mujer que te profese amor perdurable, dedícate a frecuentar los lugares en que se reúnen las bellas. No pretendo que en su búsqueda emprendas largos viajes o recorras lejanas tierras hasta encontrarla; deja que

* Las nueve Musas. Clío representa la Historia.
** La patria de Hesíodo.
*** Venus.

Perseo nos traiga su Andrómeda de la India, tostada por el sol, y el pastor de Frigia robe a Grecia su Helena; pues Roma te proporcionará lindas mujeres en tal cantidad que te obligue a exclamar: "Aquí se hallan reunidas todas las hermosuras del universo". Cuantas mieses doran las faldas del Gárgaro, cuantos racimos llevan las viñas de Metimna, cuantos peces el mar, cuantas aves los árboles, cuantas estrellas resplandecen en el cielo, tantas jóvenes hermosas pululan en Roma, porque Venus ha fijado su residencia en la ciudad de su hijo Eneas.

Si te agrada la gracia de las muchachas adolescentes, presto se ofrecerá a tu vista alguna virgen candorosa; si la prefieres en la flor de la juventud, encontrarás mil que te seduzcan con sus gracias, viéndote embarazado en la elección, y si acaso te agrada la edad juiciosa y madura, créeme, encontrarás de éstas un verdadero enjambre. Cuando el Sol entre en el signo de Leo*, paséate despacio a la sombra del pórtico de Pompeyo, o por la opulenta fábrica de mármol extranjero que publica la esplendidez de una madre añadida a la de su hijo, y no dejes de visitar la galería, ornada de antiguas pinturas, que fundó Livia, y por eso lleva su nombre. Allí verás el grupo de las Danaides que osaron matar a sus infortunados primos, y a su feroz padre, con la espada desnuda. No dejes de asistir a las fiestas de Adonis llorado por Venus, ni a las del sábado que celebran los judíos de Siria, ni pases de largo por el templo de Menfis, que se alzó a la ternera adornada con franjas de lino; Isis convierte a muchas en lo que ella fue para Jove.

El foro mismo, ¿quién lo creerá?, es un lugar propicio al amor, cuya llama brota infinitas veces entre las lides clamorosas. Cerca del templo de mármol consagrado a

* En el mes de julio.

Venus surge el raudal de la fuente de las Appíades* con dulcísimo murmullo, y allí muchas veces se dejó prender el jurisconsulto en las amorosas redes, y no pudo evitar los peligros de que defendía a los demás; allí, con frecuencia, el mejor orador pierde el don de la palabra: las nuevas impresiones le fuerzan a defender su propia causa; y Venus, desde el templo vecino, se ríe del desdichado que siendo patrono poco ha, desea convertirse en cliente. Pero donde has de tender tus redes sobre todo es en el teatro, lugar muy propicio para conseguir tus fines. Allí encontrarás más de una a quien dedicarte, con quien entretenerte, a quien puedes tocar, y por último poseerla, como las hormigas van y vuelven en largas falanges, cargadas con el grano que les ha de servir de alimento, y las abejas vuelan a los bosques y prados olorosos para libar el jugo de las flores y el tomillo, así se precipitan en los espectáculos nuestras mujeres elegantes en tal número que suelen dejar indecisa la preferencia. Más que a ver las obras representadas, acuden para ser vistas, y el sitio ofrece mil peligros al pudor inocente.

¡Oh Rómulo!, tú fuiste el primero que mezcló los juegos escénicos con la violencia, cuando el rapto de las sabinas regocijó a tus soldados, que carecían de mujeres. Entonces los toldos no pendían sobre el marmóreo teatro ni enrojecía la escena el líquido azafrán; con el ramaje que brindada la selva del Palatino, dispuesto sin arte, levantábase el rústico tablado; el pueblo se acomodaba en graderías hechas de césped y las hojas caían de cualquier modo sobre sus hirsutas cabezas. Cada cual observando alrededor, señalaba con los ojos la joven que para sí codiciaba, y guardando

* Grupos de ninfas que adornaban una fuente en el templo de *Venus Genetrix* (en el Foro de César).

su decisión en lo más recóndito de su pecho; y mientras el bailarín, a los rudos sones de la zampoña toscana, golpea cadencioso tres veces el suelo con los pies, en medio de los aplausos, que entonces no se vendían. El rey da a su pueblo la señal de lanzarse sobre la presa. De súbito saltan de los asientos, y con gritos que demuestran sus deseos, ponen las ávidas manos en las doncellas. Como la tímida turba de palomas huye las embestidas del águila, como la tierna cordera se espanta en presencia del lobo, así huyen, aterradas, de aquellos hombres sin ley que las acometen, y no hubo una sola que no reflejase la palidez en la cara. El miedo fue en todas igual, mas no se manifestó de la igual forma. Las unas se arrancan los cabellos, las otras pierden el sentido; éstas guardan un sombrío silencio, aquéllas llaman a sus madres; quiénes se lamentan, quiénes quedan embargadas de estupor, algunas permanecen inmóviles y no pocas huían. Las doncellas robadas, presa ofrecida al dios Genio, desaparecen de allí, y el temor multiplicó en muchas los naturales encantos. Si alguna se resiste tenaz a seguir al raptor, éste la coge en brazos y, estrechándola contra el ávido seno, la consuela con tales palabras: "¿Por qué irritas con el llanto tus bellos ojos? Lo que tu padre es para tu madre, eso seré yo para ti."

Rómulo, tú fuiste el único que supo recompensar a los soldados; si me concedes el mismo premio, me alisto en tu milicia. Desde entonces sigue la costumbre en las funciones teatrales, y hoy todavía son un peligro para las hermosas.

No dejes tampoco de ir a las carreras de los briosos caballos; el circo, donde se reúne público innumerable, ofrece grandes incentivos. Allí no tendrás necesidad de comunicar tus secretos con el lenguaje de los dedos ni a espiar los gestos que descubran el oculto pensamiento de tu amada. Nadie te impedirá que te sientes junto a ella y que acerques tu hombro al suyo todo lo posible; el corto espacio de que dispones te obliga forzosamente, y la ley del sitio te permite tocar a gusto su cuerpo codiciado. Luego buscas un pretexto cualquiera de conversación, y que tus primeras palabras traten de cosas generales. Con vivo interés pregúntale a quién pertenecen los caballos que van a correr, y sin vacilación toma el partido de aquel, sea el que fuere, que merezca su favor. Cuando se presenten las imágenes de marfil en la solemne procesión, aplaude con entusiasmo a la diosa Venus, tu soberana. Si por casualidad cae polvo en el vestido de la joven, apresúrate a quitárselo con los dedos, y aunque no le haya caído polvo ninguno, haz como que lo sacudes, y con cualquier motivo debes mostrarte obsequioso. Si el manto le desciende hasta tocar el suelo, recógelo sin demora y quítale la tierra que lo mancha, que bien pronto recabarás el premio de tu servicio, pues con su consentimiento podrás deleitar los ojos al descubrir su torneada pierna. Además, observa si el que se sienta detrás de vosotros saca demasiado la rodilla y oprime su ebúrnea espalda. Cualquier insignificancia cautiva a un ánimo ligero. Fue útil a muchos colocar con presteza un cojín o agitar el aire con el abanico y deslizar el escabel bajo unos pies delicados. El circo brinda estas ocasiones al amor naciente, como la arena del foro que entristecen las contiendas legales. Allí descendió a pelear mil veces el hijo de Venus*, y el que contemplaba las heridas de otro resultó herido también; y mientras habla, toca la mano del adversario, apuesta por un combatiente, y, depositada la apuesta, pregunta quién salió victorioso, solloza al sentir

* Cupido.

el dardo que se le clava en el pecho, y de simple espectador del combate se transforma en una de sus víctimas.

¿Qué espectáculo iguala en lo emocionante al simulacro de un combate naval en que César lanza los navíos de Persia contra los de Atenas? Desde uno y otro mar acuden hombres y doncellas, y el orbe entero se da cita en Roma. Entre tanta muchedumbre, ¿quién no hallará la mujer de su predilección? ¡Ah, cuántos se dejarán abrasar por una hermosa extranjera! César se dispone a conquistar pronto lo que le falta del mundo, y pronto serán nuestros los últimos confines del Oriente. ¡Reino de los partos, vas a sufrir rudo castigo! ¡Regocijaos, soldados de Craso; estandartes que, a pesar vuestro, pasasteis a poder de los bárbaros, aquí está vuestro vengador, acreditado de insigne caudillo en los primeros encuentros, pues muy joven obtiene victorias no concedidas a la juventud! ¡Espíritus tímidos, no preguntéis el día natal de los dioses: el valor de los césares se adelanta siempre a la edad, su genio soberano brilló desde los tiernos años, rebelde a los tardíos pasos del crecimiento! Hércules, de niño, ahogó con sus manos dos serpientes, y ya en la cuna se mostró digno vástago de Jove. ¡Tú, Baco, que seduces con tus alegrías juveniles, cuán excelso apareciste en la India, conquistada por tus tirsos victoriosos! Joven príncipe, combatirás alentado por los auspicios y el valor de tu padre, y gracias a los mismos reportarás la victoria; debes ilustrar con hazañas heroicas tu nombre glorioso, y si hoy eres el príncipe de la juventud, luego lo serás de la vejez. Hermano generoso, venga la injuria de tus hermanos; modelo de hijos, defiende los derechos de tu padre. Tu padre, que lo es también de la patria, te puso las armas en la mano; el enemigo arrebató violentamente el reino al autor de tus días, pero tus dardos serán sagrados y las saetas de aquél sacrílegas; la justicia y la piedad combatirán bajo tus estandartes, y el parto, ya vencido por su mala causa, lo será asimismo por las armas, y mi joven héroe añadirá a las del Lacio las riquezas del Oriente. ¡Marte, que eres su padre, y tú, César, su padre también, prestad ayuda al guerrero, ya que uno de vosotros es dios, y el segundo lo será presto! Sí, te lo aseguro: vencerás; yo cantaré los versos ofrecidos a tu gloria y tu nombre resonará en ellos con sublime acento. A punto de combatir, animarás las huestes con mis palabras, y ojalá no sean indignas de tu esfuerzo. Pintaré al parto fugitivo, el esfuerzo descomunal de los romanos y los dardos que lanza el enemigo envolviendo las riendas de su caballo. Parto, si huyes para vencer, ¿qué dejas a los vencidos? Al fin tu Marte te amedrenta con presagios funestos. Pronto lucirá el día en que tú, el más hermoso de los hombres, aparezcas resplandeciente en el carro de cuatro blancos corceles. Delante de ti caminarán los caudillos enemigos con los cuellos cargados de cadenas, sin que puedan, como antes, buscar su salvación en la fuga; los jóvenes, al lado de las doncellas, contemplarán regocijados el espectáculo, y este día feliz ensanchará todos los corazones. Entonces, si alguna muchacha te pregunta los nombres de los reyes vencidos, y cuáles son las tierras, los montes y los ríos de las imágenes conducidas en triunfo, responde a todo, aunque no seas interrogado, y afirma lo que no sabes como si lo supieses perfectamente. Esa imagen con las sienes ceñidas de cañas es el Eúfrates; la que sigue, de azulada cabellera, el Tigris; aquélla, la de Armenia; ésta representa la Persia, donde nació el hijo de Dánae; estotra, una ciudad situada en los valles de Aquemenia; aquél y el de más allá son generales; de algunos dirás los nombres verdaderos, si los conoces, y si no, los que puedan convenirles.

Las mesas de los festines brindan ocasiones fáciles para introducirse en el ánimo de las bellas y proporcionan además de los vinos otras delicias. Allí, con frecuencia, el Amor de purpúreas mejillas sujeta con sus tiernos brazos la altiva cabeza de Baco; cuando el vino llega a empapar las alas de Cupido, éste permanece inmóvil y como encadenado en su puesto; pero en seguida el dios sacude las húmedas alas, y entonces, ¡desdichado del corazón que baña en su rocío! El vino predispone los ánimos a inflamarse enardecidos, ahuyenta la tristeza y la disipa con frecuentes libaciones. Entonces reina la alegría; el pobre, entonces, se cree rico, y entonces el dolor y los tristes cuidados desaparecen de su arrugada frente; entonces descubre sus secretos, ingenuidad bien rara en nuestro siglo, porque el dios es enemigo de la reserva. Allí, muy a menudo, las jóvenes dominan al albedrío de los mancebos: Venus, en los festines, es el fuego dentro del fuego.

Desconfía de la claridad vaga de las lámparas, la noche y el vino extravían el juicio sobre la belleza. Paris contempló las diosas desnudas a la luz del sol, que resplandecía en el cielo, cuando dijo a Venus: "Venus, vences a tus rivales"*. La noche oculta las imperfecciones, disimula los defectos y, entre las sombras, cualquiera nos parece bella. Examina a la luz del día los brillantes, los trajes de púrpura, la frescura de la tez y las gracias del cuerpo. ¿Habré de enumerar todas las reuniones femeninas en que se sorprende la caza? Antes contaría las arenas del mar. ¿A qué citar Bayas, que cubre de velas sus litorales y cuyas cálidas aguas humean con vapores sulfurosos? Los que salen de allí con el dardo mortal en el pecho dicen de ellas: "Estas aguas no son tan saludables como se dice". Contempla el templo de Diana

* A Juno y a Minerva.

en medio del bosque próximo a nuestros muros y el reino conquistado por el acero de una mano criminal; aunque la diosa es virgen y odia las flechas de Cupido, ¡cuántas heridas causa a su pueblo y cuántas causará todavía!

Hasta aquí mi Musa, exponiendo sus advertencias en versos desiguales, te advirtió dónde encontrarías una amada y dónde has de tender tus redes; ahora te enseñará los hábiles medios que necesitas poner en juego para vencer a la que te seduzca. Quienesquiera que seáis, de esta o de la otra tierra, prestadme todos dócil atención, y tú, pueblo, oye mi palabra, pues me dispongo a cumplir lo prometido. En primer lugar has de abrigar la certeza de que todas pueden ser conquistadas, y las conquistarás preparando astuto las redes. Antes cesarán de cantar los pájaros en primavera, en verano las cigarras y el perro de Ménalo huirá asustado de la liebre, antes que una joven rechace las solícitas pretensiones de su adorador: hasta aquella que creas más difícil se rendirá al fin; los hurtos de Venus son tan dulces al mancebo como a la doncella; el uno no sabe disimularlos, la otra oculta mejor sus deseos. Conviene a los varones no precipitarse en el ruego, y que la mujer, ya de antemano vencida, haga el papel de suplicante. En los frescos pastos la vaca atrae con sus mugidos al toro y la yegua relincha a la aproximación del caballo. Entre nosotros el deseo se desborda menos furioso y la llama que nos enciende no supera los límites de la naturaleza. ¿Hablaré de Biblis, que concibió por su hermano un amor incestuoso, expiado valerosamente echándose un lazo al cuello?

Mirra* amó a su padre, no del modo que una hija debe, y convertida en árbol, oculta bajo la corteza su crimen

* Venus la transformó en el arbusto que produce la mirra, y del que nació Adonis. Era hija de rey Cíniras, de Chipre.

y hoy nos sirven de perfumes las lágrimas que destila el tronco oloroso que aún lleva su nombre. Pacía en los opacos valles del frondoso Ida un toro blanco, gloria del rebaño, señalado por leve mancha negra en la frente; era la única, pues el resto de su cuerpo igualaba la blancura de la leche. Las terneras ardientes de Gnosia y Cidón desearon sostenerlo sobre sus espaldas, y la adúltera Pasifae, que se regocijaba con la ilusión de poseerlo, concibió un odio mortal contra las que consideraba más hermosas. Lo que digo es bien conocido. Creta, la de las cien ciudades, y nada escrupulosa en mentir, no se atreverá a negarlo. Dícese que ella misma cortaba con poca habilidad las hojas recientes de los árboles y las tiernas hierbas de los prados, ofreciéndoselas al toro; ella seguía al rebaño sin que la detuviese el temor de su esposo, y Minos quedó vencido por el cornudo animal. ¿De qué te sirve, Pasifae, ponerte preciosos ropajes si tu adúltero amante no aprecia el valor de esas riquezas? ¿De qué el espejo que llevas en tus excursiones por las montañas y para qué, necia, cuidas tanto el peinar tus cabellos? Mírate en ese espejo y te convencerás de no ser una ternera; mas ¿con qué ardor no desearías que te naciesen los cuernos en la frente? Si aún quieres a Minos, renuncia a torpes ayuntamientos, y si te apetece engañar a tu marido, engáñale con un hombre. Pero la reina abandonando su lecho, vaga errante por montes y selvas como la bacante excitada por el dios de Aonia*. ¡Ah!, ¡cuántas veces distinguía a una vaca con expresión de odio y exclamaba!: "¿Por qué ésta agrada a mi dueño? Mira cómo retoza en su presencia sobre la fresca hierba. Sin duda cree en su imbecilidad estar así más bella." Dice, y enseguida manda separar a la inocente del rebaño y so-

* Baco. Aonia es el nombre primitivo de Beocia.

meter su cervid al pesado yugo, o la obliga a caer ante el ara del sacrificio, como víctima, y alegre recoge en sus manos las entrañas de una contrincante. Muchas veces aplacó a las divinidades con tan cruentos espectáculos y apostrofaba así las carnes palpitantes: "Ea, id a conquistar a mi amor". Ya deseaba convertirse en Europa, ya en la ninfa Io; en ésta porque se transformó en vaca, en la otra porque fue arrebatada sobre la espalda de un toro. El jefe del rebaño se juntó con Pasifae engañado por el cuerpo de una vaca de madera, y el fruto de esta unión descubrió la naturaleza del padre.

Si la otra cretense* hubiera resistido las persecuciones de Tiestes, ¡oh, qué difícil es a la mujer agradar a un solo varón! Febo no habría detenido su carro y sus corceles en mitad del camino, revolviéndolos hacia las puertas de la Aurora. La hija de Niso**, por haberle desposeído sus purpúreos cabellos, cayó desde la popa de un navío y convirtióse en ave. Agamenón, que desafió victorioso los peligros de Marte en la tierra y las borrascas de Neptuno en el piélago, vino a perecer víctima de su adúltera esposa. ¿Quién no ha llorado la suerte de Creusa de Corinto y no ha maldecido a la inicua madre bañada en la sangre de sus hijos? Fénix, el hijo de Amíntor***, vertió torrentes de lágrimas por sus órbitas privadas de luz, y los caballos temerosos destrozaron al desdichado Hipólito****. Fíneo*****, ¿por qué destruyes los ojos de tus inocentes hijos? ¡Ay!,

* Aérope, nieta de Minos. Tiestes era su cuñado, por quien se dejó seducir.
** Escila.
*** Mantuvo relaciones con una concubina de su padre, quien, para castigarlo, lo cegó.
**** Hijastro de Fedra.
***** Rey de Tracia que cegó a sus hijos por una falsa acusación de su madrastra. Los dioses lo encegueciero n.

tan horrendo castigo caerá un día sobre tu cabeza. Estos crímenes hizo cometer la pasión femenina, más intensa que la nuestra y tiene mayor coraje.

Ánimo, y no dudes que saldrás vencedor en todos los combates; entre mil, apenas hallarás una que te resista; las que conceden y las que niegan se regocijan lo mismo al ser rogadas, y dado que te equivoques, la repulsa no te traerá ningún peligro. Mas ¿cómo te has de engañar teniendo las nuevas voluptuosidades tantos atractivos?

Los bienes ajenos nos parecen mayores que los propios; las espigas son siempre más fértiles en los sembrados que no nos pertenecen y el rebaño del vecino se multiplica con portentosa fecundidad. Lo primero es trabar amistad con la sirvienta de la joven que intentas seducir para que te facilite el primer acceso, e indaga si obtiene la confianza de su señora y es la confidenta de sus secretos placeres; inclínala en tu favor con las promesas y ablándala con los ruegos; como ella quiera, conseguirás fácilmente tus deseos. Que ella elija el momento, los médicos suelen también aprovecharlo, en que el ánimo de su señora, libre de cuitas, esté mejor dispuesto a rendirse; el más favorable a tu pretensión será aquel en que todo le vaya bien y le parezca tan hermoso como la áurea mies en los fértiles campos. Si el pecho está alborozado y no lo oprime el dolor, tiende a dilatarse y Venus lo señorea hasta el fondo. Ilión, embargada de tristeza, pudo defenderse con las armas, y en un día de fiesta introdujo en su recinto el caballo repleto de soldados. Lanza ataques así que la oigas quejarse de una rival y esfuérzate en que no quede sin venganza la injuria. La sirvienta que peina sus cabellos por la mañana, avive el resentimiento y ayude el impulso de tus velas con el remo, y dígale suspirando con un leve susurro: "Por lo que veo, no podrás vengarte del agravio". Después hable de ti con las palabras más persuasivas y júrele que mueres de un amor que raya en locura; pero revélate decidido, no sea que el viento calme y caigan las velas. Como el cristal es frágil, así se calma pronto la cólera de la mujer. Me preguntas si es conveniente seducir a la misma sirvienta; en tal caso te expones a graves contingencias; ésta, después que se entregue, te servirá más solícita; aquélla, menos celosa; la una te facilitará las entrevistas con su señora, la otra te reservará para sí. El bueno o mal suceso es muy eventual. Incluso suponiendo que ella incite tu atrevimiento, mi consejo es que te abstengas de la aventura. No quiero perderme por precipicios y agudas rocas; ningún joven que oiga mis advertencias se dejará sorprender; no obstante, si la criada que recibe y vuelve los billetes te cautiva por su gracia tanto como por los buenos servicios, apresura la posesión de la señora y siga la de la sirvienta; mas no empieces jamás por la conquista de la última. Una cosa te aconsejo, si tienes confianza en mis enseñanzas y el viento no se lleva mis palabras y las hunde en el mar: o no intentes la empresa, o acábala del todo; así que ella tenga parte en el negocio, no se atreverá a delatarte. El pájaro no puede volar con las alas engomadas, el jabalí no acierta a romper las redes que le envuelven y el pez queda atrapado por el anzuelo que se le clava; pero si te propones seducirla, no te retires hasta salir vencedor. Entonces ella, culpable de la misma falta, no se atreverá a traicionarte, y a través de ella conocerás los dichos y hechos de la que pretendes. Sobre todo, gran discreción; si ocultas bien tu inteligencia con la criada, los pasos de tu dueña te serán perfectamente conocidos.

Grave equivocación el creer que sólo los marinos y los que cultivan el campo deben consultar el tiempo. No conviene arrojar fuera de sazón en el campo la semilla que puede engañar nuestras esperanzas, ni en todo tiempo librar a los embates de las olas una frágil embarcación, ni siempre es de seguros resultados atacar a una tierna beldad, a veces importa aprovechar la ocasión favorable, ya se acerque el día de un natalicio, ya el de las calendas de marzo, que Venus se goza en prolongar. Si el circo brilla no adornado como antes con figuras de relieve, sino con las riquezas de los reyes vencidos, aplaza algunos días tu empresa. Entonces reina el triste invierno y amenazan las lluviosas Pléyades*; entonces las tímidas Cabrillas se sumergen en las aguas del Océano; no acometas nada de provecho, pues si alguien se confía entonces a los riesgos de la navegación, apenas podrás salvar los ateridos náufragos en la tabla de su bajel hecho piezas. Tus ataques han de comenzar el día funesto en que las ondas del Allia se tiñeron con la sangre de los cadáveres romanos o el último de cada semana que consagra al reposo y al culto el habitante de Palestina. Observa con terror el cumpleaños de tu amada y como fatales los días en que es ineludible el ofrecer presentes. Aunque lo evites con cautela, te sonsacará algo; la mujer tiene mil medios para apoderarse de los bienes de su amante apasionado. Un vendedor con la túnica desceñida se presentará ante la señora ávida de comprar, y delante de ti expondrá sus mercaderías. Ella te rogará que las inspecciones para juzgar tu buen gusto; después te dará unos besos y, por último, te pedirá que le compres lo que más le agrade, jurándote que con eso quedará contenta por largos años, y diciéndote: "Ahora tengo necesidad de ello y ahora es una buena ocasión para comprar". Si te excusas con el pretexto de que no tienes en casa el dinero

* Hacia mitades de noviembre.

necesario, te propondrá un pagaré, y sentirás haber aprendido a escribir. ¡Cuántas veces te exigirá el regalo que se acostumbra en el natalicio y cuántas renovará esta fecha al compás de sus necesidades! ¿Qué harás cuando la veas llorar desolada por una supuesta pérdida y te enseñe las orejas sin los ricos pendientes que ostentaban? Las mujeres piden muchas cosas en calidad de préstamo, y así que las reciben no quieren devolverlas. Sales perdiendo y nunca se tiene en cuenta tu sacrificio. No me bastarían diez bocas con otras tantas lenguas si pretendiese referir los astutos manejos de nuestras cortesanas.

Explota el camino por medio de la cera que barniza las elegantes tablillas, y que ella sea la primera anunciadora de la disposición de tu ánimo, que ella le diga tus ternuras con las expresiones que usan los amantes, y seas quien seas, no te sonrojen las más humildes súplicas.

Aquiles, movido por las súplicas, entregó a Príamo el cadáver de Héctor; la voz del suplicante templa la cólera de los dioses. No economices el prometer, que al fin no arruina a nadie, y todo el mundo puede ser rico en promesas. La esperanza acreditada permite ganar tiempo; en verdad, es una diosa falaz; mas nos gusta ser por ella engañados. Los presentes que le hubieses hecho podrían animarla a abandonarte, y de momento se lucraría con tu largueza sin perder nada. Confíe siempre en que le vas a dar lo que nunca pensaste; así un campo estéril burla mil veces la esperanza del labrador, así el jugador empeñado en no perder, pierde a todas horas, y sus ávidas manos no sueltan los dados que le prometen enormes ganancias. Lo principal y más dificultoso es conseguir la unión sin un regalo previo; el temor de darlos sin provecho la inducirá a seguir concediéndolos como antes; dirígele tus billetes impregnados de dulcísimas frases, con el fin de explorar su disposición y tentar las dificultades del camino. Los caracteres trazados sobre un fruto burlaron a Cidipe*, y la inocente doncella, leyéndolos, se vio cautiva por sus propias palabras.

Juventud de Roma, os aconsejo que no aprendáis las bellas artes con el único objeto de convertiros en defensores de los atribulados reos; la beldad se deja arrebatar y aplaude al orador elocuente, lo mismo que la plebe, el juez adusto y el senador distinguido; pero ocultad el talento, que el rostro no descubra vuestra fecundia y que en vuestras tablillas no se lean nunca expresiones afectadas. ¿Quién sino un estúpido escribirá a su tierna amiga en tono declamatorio? Con frecuencia un billete pedante atrajo el desprecio a quien lo escribió. Sea tu razonamiento sencillo, tu estilo natural y a la vez insinuante, de modo que imagine verte y oírte al mismo tiempo. Si no recibe tu billete y lo devuelve sin leerlo, confía en que lo leerá más adelante y mantén firme tu propósito. Con el tiempo los toros indómitos acaban por someterse al yugo, con el tiempo el potro fogoso aprende a soportar el freno que reprime su ardor. El anillo de hierro se desgasta con el uso continuo y la punta de la reja se embota a fuerza de labrar asiduamente la tierra. ¿Qué más duro que la roca y más blando que el agua? Con todo, las aguas socavan las duras peñas. Persiste, y vencerás con el tiempo a la misma Penélope**. Troya resistió muchos años, pero al fin cayó vencida. Si te lee y no quiere responder, no pretendas coaccionarlo; procura solamente que siga leyendo tus ternezas,

* En la manzana había un juramento de casamiento de Aconcio, que Cípide leyó ante Artemis, y se vio obligada a cumplirlo.
** La mujer de Ulises.

que ya contestará un día a lo que leyó con tanto gusto. Los favores llegarán por sus pasos en tiempo oportuno. Tal vez recibas una ingrata contestación, rogándote que ceses de solicitarla; ella teme lo que te ruega y desea que sigas en las instancias que te prohibe. No te descorazones, prosigue, y bien pronto verás satisfechos tus votos. En el ínterin, si tropiezas a tu amada tendida muellemente en la litera, aproxímate discretamente a su lado, y a fin de que los oídos de curiosos indiscretos no penetren la intención de tus frases, como puedas revélale tu pasión en términos equívocos. Si se dirige al espacioso pórtico, debes acompañarla en su paseo, y ora has de precederla, ora seguirla de lejos, ya andar de prisa, ya caminar con lentitud. No tengas reparo en deslizarte entre la turba y pasar de una columna a otra para llegar a su lado. Procura que no vaya sin tu compañía a ostentar su belleza en el teatro; allí sus espaldas desnudas te ofrecerán un gustoso espectáculo; allí la contemplarás absorto de admiración y le comunicarás tus secretos pensamientos con los gestos y las miradas. Aplaude entusiasmado la danza del actor que representa a una doncella, y más todavía al que desempeña el papel del amante. Levántate si ella se levanta, vuelve a sentarte si se sienta, y no te pese perder el tiempo al tenor de sus deseos. Tampoco te detengas demasiado en rizarte el cabello con el hierro o en alisarte la piel con la piedra pómez; deja tan vanos aliños para los sacerdotes que aúllan sus cantos frigios en honor de la madre Cibeles. La negligencia constituye el mejor adorno del hombre. Teseo, que nunca se preocupó del peinado, supo conquistar a la hija de Minos*; Fedra enloqueció por Hipólito, que no se distinguía

* Ariadna.

en lo elegante, y Adonis, tan querido de Venus, sólo se recreaba en las selvas. Preséntate limpio, y que el ejercicio del campo de Marte oscurezca tu cuerpo envuelto en una toga bien hecha y airosa. Sea tu habla suave, luzcan tus dientes su esmalte y no vaguen tus pies en el ancho calzado; que no se te ericen los pelos mal cortados, y tanto éstos como la barba entrégalos a una diestra mano. No lleves largas las uñas, que han de estar siempre limpias, ni menos asomen los pelos por las ventanas de tu nariz ni te huela mal la boca, recordando el fétido olor del macho cabrío. Lo demás resérvalo a las muchachas que quieren gustar y para esos mozos que con horror de su sexo se entregan a un varón.

Mas ya atrae a su poeta Baco, el que ayuda siempre a los amantes y excita las llamas en que él mismo arde. Ariadna erraba enloquecida por la desierta arena que ciñe la isla de Naxos, azotada por el mar; apenas sacude el sueño, medio cubierta con la sencilla túnica, con los pies descalzos y sueltos los rubios cabellos, se dirige a las sordas olas llamando al cruel Teseo, y un raudal de lágrimas se desliza por sus frescas mejillas; gritaba y lloraba a la vez, y el llanto y las voces, lejos de disminuir su belleza, contribuían a realzarla de un modo extraordinario. Ya golpeándose el pecho sin cesar con mano despiadada, gritaba: "Aquel traidor se ha ido; ¿qué será de mí, qué suerte me espera?" En aquel momento resuenan por el extenso litoral los címbalos y los tímpanos golpeados con frenéticas manos, cae despavorida, las últimas palabras expiran en sus labios y diríase que en su cuerpo no quedaba una gota de sangre. De súbito aparecen las bacantes con los cabellos tendidos por la espalda, y detrás la turba de los sátiros que preceden al dios; después el viejo Sileno, tan borracho, que gracias si se mantiene en equilibrio cogiéndose a las crines del asno recurvado, persigue a las bacantes que huyen y le acometen de improviso; como es tan mal jinete, hostiga con la vara al cuadrúpedo que monta y al fin cae de bruces por las orejas del paciente animal. Los sátiros entonces gritan: "Levántate, padre Sileno; levántate". Preséntase al fin, en su carro ceñido de pámpanos, el dios que gobierna los domados tigres con riendas de oro. Pálida de terror Ariadna, no nombra más a Teseo, porque la voz se le hiela en la garganta; tres veces quiso huir, y el miedo la detuvo inmóvil otras tantas; estremecióse como las espigas estériles agitadas por el viento y la liviana caña que tiembla en las orillas del húmedo pantano. El dios la calma así: "Aleja tus temores; yo seré un amante más fiel que Teseo, y tú serás, Ariadna, la esposa de Baco. El cielo premiará tu dolor; como una estrella reinarás en el cielo, y las naves guiarán su rumbo por tu corona de brillantes." Dijo, y para que los tigres no la asustasen baja del carro, salta sobre la arena de la playa, que cede a sus pies, y la arrebata en los brazos, sin que ella pugne por defenderse, que no es fácil resistir al poderío de un inmortal. Unos entonan los cantos de Himeneo, otros gritan: "Evoé, Evoé", y entre el común alborozo, el dios y la joven desposada se reclinan en el lecho conyugal.

Así, cuando asistieres a un festín en que abunden los presentes de Baco, si una muchacha que te atrae se coloca cerca de ti en el lecho, ruega a este padre de la alegría, cuyos misterios se celebran por la noche, que los vapores del vino no lleguen a dañar tu cabeza. Allí te será permitido dirigir a tu bella insinuantes discursos con palabras de doble intención que no escaparán a su perspicacia y se los aplicará a sí misma; escribe en la mesa con gotas de vino dulcísimas ternuras, en las que tu amiga adivine tu pasión avasalladora, y clava en los suyos tus ojos respirando fuego: un rostro callado habla a las veces con singular elocuencia. Arrebata presuroso de su mano el vaso que rozó con los labios y bebe por el mismo lado que ella bebió. Coge cualquiera manjar que hayan tocado sus dedos y aprovecha la ocasión para que tu mano tropiece con la suya; ingéniate asimismo por ganarte al esposo de tu amada; os será muy útil a los dos el tenerlo por amigo. Si la suerte te nombra rey del festín, concédele la honra de beber primero y regálale la corona que ciñe tu cabeza; ya sea tu igual, ya inferior a ti, déjale que tome de todo el primero y no dudes dirigirle las expresiones más lisonjeras. Con el falso nombre de amigo se burla multitud de veces sin riesgo a un marido, y aunque el hecho quede casi siempre impune, no deja de ser un crimen. En tales casos, el procurador suele ir más lejos de lo que se le encomienda, y se cree con autoridad para traspasar las órdenes que recibió.

Quiero darte la medida a que te atengas en el beber: es aquella que no impide al seso ni a los pies cumplir con su oficio. Evita, en primer término, las reyertas que provoca el vino y los puños demasiado prontos a repartir golpes. Euritión murió por haber bebido desatinadamente. Entre el vino y los manjares sólo ha de reinar la alegría. Si tienes buena voz, canta; si tus brazos son armoniosos, baila, y no descuides, si las tienes, revelar aquellas dotes que favorecen la seducción. La embriaguez verdadera perjudica, y cuando es fingida puede ayudar. Estropee tu lengua solapada la pronunciación de las voces; así, lo que hagas o digas fuera de lo regular, creerán todos que lo ocasiona el exceso de la bebida. Desea mil felicidades a la señora de tus pensamientos y al que tiene la suerte de compartir su tálamo; mas en lo recóndito del alma profiere contra este último cien maldiciones. Cuando las mesas se levantan y los invitados partan, aprovecha la ocasión del lugar y la confusión de la multitud para aproximarte a ella; mézclate entre el gentío, colócate sin sentir a su lado, pásale el brazo por el talle y toca su pie con el tuyo. Este es el momento de abordarla: lejos de ti el agreste pudor; Venus y la Fortuna alientan siempre a los audaces.

No esperes que yo te dicte los preceptos de la elocuencia; rompe atrevido el silencio, y las frases espontáneas y felices acudirán a tus labios. Tienes que representar el papel de un amante y tus palabras han de quemar como el fuego que te devora; te serán lícitos todos los argumentos para persuadirla de tu pasión y serás creído sin dificultad. Cualquiera se juzga digna de ser amada y aun la más fea da gran valor a sus atractivos; mil veces el que simula el amor acaba por sentirlo de veras y termina por ser lo que al principio fingía. ¡Oh jóvenes! tened tolerancia con los que se aprestan a engañaros; muchas veces un falso amor se convierte en verdadero. Esfuérzate por apoderarte de su corazón con discretas lisonjas; como el arroyo filtra sus claras ondas en las riberas que lo dominan. Elogia sin vacilación tus alabanzas a la belleza de su rostro, a la profusión de sus cabellos, a sus delicados dedos y su pie diminuto: la mujer más casta se deleita cuando oye el elogio de su hermosura, y aun las vírgenes inocentes dedican largas horas a realzar sus encantos. ¿Por qué Juno y Palas se avergüenzan todavía hoy de no haber obtenido el premio en el certamen de los montes de Frigia? El ave de Juno muestra orgullosa su plumaje, viéndolo alabado; si lo contemplas callado, esconde sus riquezas. En el certamen de la veloz carrera, los corceles se encienden con los aplausos que se tributan a sus cuellos arrogantes y bien peinadas crines. No seas tímido en prometer; las promesas arrastran a las jóvenes, y pon a los dioses que quieras como testigos de tu sinceridad. Júpiter, desde lo alto, se ríe de los perjurios de los amantes y dispone que los vientos de Eolia los sepulten en las olas; por las aguas de Estigia solía jurar con engaño ser fiel a Juno, y su mal ejemplo alienta hoy a todos los perjuros.

Es útil la existencia de los dioses, y como conviene creer en su existencia, aportemos a las antiguas aras las ofrendas del incienso y el vino. Ellos no yacen sumidos en quietud reposada y semejante al sueño; vivid en la inocencia y velarán por vosotros. Volved el depósito que se os ha confiado, acatad las piadosas leyes, aborreced el fraude y que vuestras manos estén limpias de sangre. Si sois listos, engañad impunemente a las jóvenes, fuera de esto observaréis siempre la buena fe. Engañad a las que pretenden engañaros; casi todas son gente de poca confianza; caigan presas en los lazos que os tienden. Es fama que el Egipto, por la sequía que abrasaba la tierra, vio estériles sus campos durante nueve años. Trasio* entonces se presentó a Busiris** y le anunció que sería fácil aplacar a Jove con la sangre de un extranjero, y Busiris le repuso: "Tú serás la primer víctima ofrecida al padre de los dioses, y como huésped de Egipto, tú nos traerás el agua". Fálaris quemó en el toro de bronce los miembros de Perilo, su inventor, que experimentó el primero tan atroz suplicio; uno y otro hicieron justicia. ¿Qué ley más equitativa que condenar a los inventores de tormentos a morir con su propia obra? Es razonable castigar a las perjuras con el perjurio, y no pueden quejarse más que de ellas mismas, puesto que su ejemplo alienta la falsía.

---

* Adivino chipriota.

** Rey de Egipto, hijo de Neptuno y de Libia. Sacrificaba a los forasteros, hasta que fue muerto por Hércules.

También son útiles las lágrimas, capaces de ablandar al diamante: si puedes, que vea húmedas tus mejillas, y si te faltan las lágrimas, porque no siempre acuden al tenor de nuestros deseos, restrégate los ojos con los dedos mojados. ¿Qué pretendiente experto no sabe ayudar con los besos las palabras sugestivas? Si no te los da, dáselos contra su voluntad; es posible que al principio ella se defienda y te llame malvado; pero aunque resista, desea caer vencida. Evita que los hurtos hechos a sus lindos labios la dañen y que la oigas quejarse con razón de tu rudeza. El que logra sus besos, si no se apodera de lo demás, merece por mentecato perder aquello que ya ha conseguido. Después de éstos, ¡qué poco falta a la completa realización de tus deseos! La torpeza y no el pudor detiene tus pasos. Aunque diga que la has poseído con violencia, no te importe; esta violencia gusta a las mujeres: quieren que se les arranque por fuerza lo que desean conceder. La que se ve atropellada por la ceguedad de un pretendiente, se regocija de ello y considera como un regalo tal perversidad, y la que pudiendo caer vencida sale intacta de la contienda, simula en el aspecto la alegría, mas en su corazón reina la tristeza. Febe se rindió a la violencia, lo mismo que su hermana, y los dos raptores fueron de sus víctimas muy queridos.

Una historia bien conocida, y no por eso indigna de contarse otra vez, es la de aquella hija del rey de Sciros, cuyos favores alcanzó el joven Aquiles. Ya la diosa vencedora de sus rivales en el monte Ida había mostrado su reconocimiento a Paris, que la designó como la más hermosa, ya de extraño reino había llegado la nuera al palacio de Príamo y los muros de Ilión encerraban a la esposa de Menelao. Los príncipes griegos juraron vengar la afrenta del esposo, que si bien de uno solo, recaía por igual sobre todos. Aquiles ocultaba su condición masculina con rozagante vestidura de mujer, cosa torpe en verdad si no obedeciera a los ruegos de una madre. ¿Qué haces, nieto de Baco? Tus atribuciones no son hilar la lana. Arribarás a la gloria siguiendo otra arte de Palas. No convienen los canastillos al brazo que ha de soportar el escudo. ¿Por qué sostienes la rueca con esa diestra que derribará un día la pujanza de Héctor? Arroja los husos que devanan el estambre laborioso y empuña en tu recia mano la lanza de Pelias. Por acaso durmieron una noche en el mismo lecho Aquiles y la real doncella, que descubrió con estupor el sexo de quien la acompañaba. Desde luego, ella fue tomada por la fuerza, así hemos de creerlo; pero tampoco sintió mucho que la fuerza saliese vencedora, pues cuando el joven apresuraba la partida, después de trocar la rueca por las armas, le dijo repetidas veces: "Quédate aquí". ¿Dónde está la violencia? Deidamia, ¿por qué detienes con tierna voz al autor de tu deshonra?

Si la mujer por un sentimiento de vergüenza no revela la primera su intención, se conforma a gusto con que el hombre inicie el ataque. Excesiva confianza pone en las gracias de su persona el mancebo que espera que la mujer se anticipe al ruego. Es él quien ha de comenzar, quien ha de dirigirle la palabra, expresando esas tiernas solicitudes que ella acogerá con simpatía. Para obtener su aquiescencia, ruega; es lo único que ella exige; declárale el principio y la causa de tu inclinación. Júpiter se acercaba suplicando a las heroínas legendarias, y con todo su poder no consiguió que ninguna se le ofreciese primero. Mas si ves que tus ruegos sólo sirven para hincharla de orgullo, abandona tu empresa y vuelve atrás los pasos. Muchas suspiran por el placer que huye y aborrecen al que se les brinda; insta con menos fervor y dejarás de parecerle importuno. No siempre han de delatar tus agasajos la esperanza del triunfo; en ocasiones conviene que el amor se insinúe disfrazado con el nombre de amistad. He visto más de una mujer intratable sucumbir a esta prueba, y al que antes era su amigo convertirse por fin en su amante.

El color blanquecino es indecoroso en un marino, que lo debe tener tostado por las aguas salobres y los rayos del sol, y tampoco del agricultor que sin descanso remueve la tierra a la intemperie con la reja o los pesados rastrillos; y sería vergonzoso que tu cuerpo resplandeciese de blancura persiguiendo con afán la corona del olivo. El amante ha de estar pálido; es el color que publica sus zozobras, y el que le cuadra, aunque muchos pensarán que no les va a servir de nada. Con pálido rostro perseguía Orión por las selvas a Lirice, y pálido estaba Dafnis por los desvíos de una náyade cruel. Que la demacración manifieste las angustias que sufres, y no repares en cubrir con el velo de los enfermos tus hermosos cabellos. Las cuitas, la pena que nace de un sentimiento profundo y las noches pasadas en vela aniquilan el cuerpo de las jóvenes; para alcanzar tus deseos has de convertirte en un ser digno de lástima, tal que quien te vea exclame al punto: "Está enamorado".

¿Lamentaré la confusión que reina al apreciar lo justo y lo injusto o más bien os la aconsejaré? La amistad, la buena fe, son entre nosotros nombres sin sentido. ¡Ay de mí!; no es prudente ensalzar a la que amas en presencia del amigo; como estime merecidas tus alabanzas, trata de quitártela. Mas Patroclo —dirás— no mancilló el lecho de Aquiles, y Fedra conservó su pudor al lado de Piritoo. Pílades amó castamente a Hermione, como Febo a Palas, como los gemelos Cástor y Pólux a su hermana Helena. Si alguien espera hoy lo mismo, espere coger los frutos del tamariz y encontrar la miel en la corriente de un río. Nos atrae con fuerza la culpa; cada cual atiende a sus placeres, y le resultan más intensos gozándolos a costa de un desdichado. ¡Qué barbaridad!; no es al enemigo al que ha de temer el amante; huye de aquellos a quienes crees fieles y estarás a salvo; desconfía del pariente, del hermano y del caro amigo, porque todos te infundirán graves sospechas.

Iba a terminar, pero como son tan diversos los caracteres de la mujer, hay mil diversas maneras de dominarla. No todas las tierras producen los mismos frutos: la una conviene a las vides, la otra a los olivos, la de más allá a los cereales. Las disposiciones del ánimo varían tanto como los rasgos fisonómicos; el que sabe vivir se adapta a la variedad de los caracteres, y como Proteo, ya se convierte en un arroyo fugitivo, ya en un león, un árbol o un cerdoso jabalí. Unos peces se cogen con el dardo, otros con el anzuelo y los más yacen cautivos en las redes que les tiende el pescador. No uses el mismo estilo con mujeres de diferentes edades: la cierva vieja ve desde lejos los lazos peligrosos. Si pareces muy experto a las novicias y atrevido a las vergonzosas, unas y otras desconfiarán de ti, poniéndose a la defensiva. De ahí que la que teme entregarse a un hombre digno, venga tal vez a caer en los brazos de otro peor. He concluido una parte de mi empresa, otra me queda por emprender; echemos aquí el ancla que sujete la nave.

Libro segundo

Cantad "¡Io, Peán!, cantad de nuevo ¡Io, Peán!": la presa que perseguía cayó en mis redes. Que el alegre amante ciña mis sienes de verde lauro y me eleve por encima del cantor de Ascra y el viejo Homero. Tal el hijo de Príamo*, huyendo a toda vela de la belicosa Amiclas, arrebató la esposa de su huésped, y tal era, Hipodamia, el que en su carro vencedor te conducía lejos de los patrios confines. Joven, ¿por qué te impacientas?; tu barco navega en alta mar, y el puerto a que te guío está muy lejano. No es suficiente que mis lecciones hayan rendido en tus brazos una bella; gracias a mi arte la conseguiste, y mi arte te ayudará a retenerla. No argüye menos mérito que la conquista el guardar lo conquistado: lo uno es obra del azar, lo otro consecuencia del arte. Ahora, pues, Cupido y Citerea**, si alguna vez me fuisteis propios, venid en mi ayuda; y tú, Erato, cuyo nombre quiere decir amor. Voy a exponer los medios eficaces de fijar los pasos de ese niño vagabundo que recorre por acá y allá el ancho mundo. Tiene gran ligereza y dos alas para volar; por consiguiente, es muy difícil imponerle mesura.

Minos había previsto cuanto pudiese impedir la huida de su huésped; mas éste con las alas se abrió camino a través de los aires. Apenas Dédalo hubo encerrado aquel monstruo, medio hombre y medio toro, que concibiera

* Paris, raptor de Helena.

** Venus.

una madre criminal, se presentó al justiciero Minos y le dijo: "Espero que pongas término a mi exilio y que mi tierra paterna acoja mis cenizas; y ya que no me permitió vivir en mi patria la iniquidad del destino, séame permitido morir en ella. Si consideras mi vejez indigna de tu gracia, pon en libertad a mi hijo, y si rehusas perdonarlo, perdona a su anciano padre." Así dice, y refuerza éstas con otras mil razones; pero Minos permanecía inflexible, y comprendiendo la inutilidad de los ruegos, se dijo a sí mismo: "Ahora, Dédalo, ahora se te ofrece la ocasión de mostrarte ingenioso. Minos domina la tierra y domina sobre el mar; la tierra y las aguas se oponen a nuestra fuga; mas la ruta del cielo queda libre y por ella intento abrirme camino. ¡Júpiter poderoso, dígnate favorecer mi audaz tentativa; no me propongo escalar las celestes mansiones, pero no encuentro más que esta vía abierta a mi salvación! Si la Estigia me ofrece un pasaje, atravesaré las ondas de la Estigia; séame permitido cambiar mi propia naturaleza."

Con frecuencia las desgracias estimulan el ingenio. ¿Quién hubiese nunca creído que el hombre llegaría a viajar por el aire? Con plumas hábilmente dispuestas, que enlaza un hilo de lino, y uniendo las extremidades con cera derretida al fuego, termina un día la artística labor. Ícaro, gozoso, maneja la cera y las plumas, ignorando que fuesen las armas que había de cargar en sus hombros. El padre le dijo entonces: "Con estas naves hemos de volver a la patria, y gracias a su auxilio escaparemos a la tiranía de Minos. Nos cerró todos los caminos, mas no pudo impedirnos el de los aires; y pues éste se nos permite, aprovecha mi invento para atravesarlo, pero evita aproximarte a la virgen de Tegea* y a

* Calisto, hija del rey de Tegea, amada por Júpiter y metamorfoseada en osa por Juno.

Orión, que, espada en mano, acompaña al Boyero. Mide tu vuelo por el mío, yo te precederé, y siguiéndome próximo, caminarás con seguridad bajo mi dirección. Si voláramos por el eterno elemento cerca del sol, la cera no soportaría el calor, y si con vuelo humilde nos deslizásemos hasta la superficie de las olas, las plumas, humedecidas por el agua, perderían su movilidad. Vuela entre estos dos peligros; sobre todo, hijo, teme los vientos y deja que tus alas obedezcan a su impulso." Después de darle estos consejos, coloca las alas al muchacho y le enseña a moverlas, como el ave instruye en volar a sus débiles polluelos; luego ajusta a sus hombros las que construyó para sí y ensaya tímidamente el vuelo por la nueva ruta. Ya dispuesto a volar, abraza y besa a su hijo y las lágrimas resbalan por sus mejillas paternales.

Destacábase no lejos una colina que, sin alcanzar la altura de un monte, dominaba los campos, y desde ella se lanzan los dos a la peligrosa fuga. Dédalo mueve las alas, y no pierde de vista las de su hijo, manteniendo la marcha con uniforme velocidad. Lo nuevo del viaje les produce indecible satisfacción, y el audaz Ícaro traspasa las órdenes prescritas. Un pescador los vio al tiempo que sorprendía los peces y, del asombro, la flexible caña se le escapó de la mano. Ya habían dejado a la izquierda Samos y Naxos, Paros y Delos, tan amada de Febo, y a la derecha Lebintos, Calimne, que sombrean los bosques, y Astipalea, ceñida de aguas fecundas en peces, cuando el joven, incauto y temerario con exceso, se eleva más alto en el aire y abandona a su padre; al momento se relaja la trabazón de las alas, la cera se deshace por la proximidad del sol, y por más que mueve los brazos, no acierta a sostenerse en la tenue atmósfera; aterrado, desde la celeste altura pone en el mar las miradas, y el miedo que le produce cubre sus ojos de un denso velo. La cera se había fundido; en vano agita los brazos, despojados de las alas; falto de sostén, tiembla, cae, y al caer, exclama: "¡Padre, padre mío, me veo arrastrado!"; y las verdes olas ahogan sus voces lastimeras. El infeliz padre, que ya no lo era, grita: "Ícaro, Ícaro ¿por qué región del cielo caminas?" Y aún le llamaba, cuando observa las plumas sobre las ondas: la tierra recibió sus despojos, y el mar todavía lleva su nombre. Minos no pudo impedir que Ícaro volase, y yo pretendo detener a un dios más voluble que los pájaros.

Se equivoca lastimosamente el que recurre a las artes de las hechiceras de Hemonia y se vale del hipomanes extraído de la frente de un potro juvenil. Las hierbas de Medea y los ensalmos de los marsos, con sus acentos mágicos, no consiguen infundir el amor. Si los encantamientos lo pudiesen crear, Medea hubiera retenido al hijo de Esón, y Circe al astuto Ulises. De nada aprovecha a las jóvenes tomar filtros amorosos, que dañan la razón y excitan el furor. Rechaza los artificios culpables; si quieres ser amado, sé amable; ni la belleza del rostro ni la apostura arrogante bastan a asegurar el triunfo. Aunque fueses aquel Nireo tan celebrado por Homero, o el delicado Hilas, a quien arrebataron las culpables náyades, si aspiras a la fidelidad de tu dueño y a no verte un día abandonado, has de unir las dotes del alma con las gracias físicas. La belleza es don muy frágil: disminuye con los años que pasan, y su propia duración la aniquila. No siempre florecen las violetas y los lirios abiertos, y en el tallo donde se irguió la rosa quedan las punzantes espinas. Lindo joven, un día blanquearán las canas tus cabellos y las arrugas surcarán tus frescas mejillas. Eleva tu ánimo si quieres resistir los estragos del tiempo y conservar la belleza: es el único compañero fiel hasta el último momento. Aplícate al cultivo de las bellas artes y al estudio de las dos lenguas. Ulises no era hermoso, pero sí elocuente, y dos dioses del mar sufrieron por él angustias mortales. ¡Cuántas veces Calipso lamentó sus prisas y quiso convencerle de que el tiempo no favorecía la navegación! Una y otra vez le rogaba que narrase los sucesos de Troya, y él sabía relatar el mismo caso con distintas palabras. Un día que estaban sentados en la playa, la hermosa Calipso le pidió que le refiriese de nuevo la trágica muerte del príncipe de Odrisia, y Ulises, con una varilla delgada que al azar empuñaba, trazó en la arena el cuadro del suceso, diciéndole: "Esta es Troya (y dibujó los muros en la arena); por ahí corre el Símois, y aquí estaba mi campamento. Más lejos se distingue el llano (y en seguida lo traza) que regamos con la sangre de Dolón la noche que intentó apoderarse de los caballos de Aquiles; por allí cerca se alzaban las tiendas de Reso el de Tracia, y por allí regresé yo la misma noche con los corceles robados a este príncipe." Proseguía la descripción, cuando una ola repentina destruyó el contorno de Pérgamo y el campo de Reso, con su caudillo. Entonces la diosa dijo: "Ya ves las olas que crees favorables a tu partida cómo destruyen en un momento personalidades tan grandes".

Seas quien seas, pon una débil confianza en el prestigio de tu lindo semblante y adórnate con prendas superiores a las del cuerpo. Una afectuosa complacencia gana del todo los corazones, y la aspereza levanta odios y guerras crueles. Aborrecemos al buitre, que vive siempre sobre las armas, y a los lobos, siempre dispuestos a lanzarse sobre el tímido rebaño, mientras todos respetan a la golondrina, y la paloma caonia habita las torres que levantó la industria humana. Lejos de vosotros las disputas y expresiones ofensivas; el tierno amor se alimenta de dulces palabras. Con las disputas, la esposa aleja de sí al marido, y el marido a la mujer; actuando así creen devolverse sus mutuos agravios; esto conviene a las casadas: las disputas son la dote matrimonial; mas en los oídos de una amiga sólo han de sonar voces lisonjeras. No os habéis acostado en el mismo lecho por mandato de la ley; el amor desempeña con vosotros sus funciones; al acercarte a su lado, prodígale blandas caricias, y dile palabras conmovedoras si quieres que se regocije en tu presencia. No es a los ricos a quienes vengo a dar lecciones de amor: el que da con largueza no necesita mis lecciones. Se pasa de listo el que dice cuando quiere: "Acepta este regalo", y desde luego le cedo el primer puesto; para vencer, sus dones valen más que mis consejos. Soy el poeta de los pobres porque amé siendo pobre, y como no podía brindar regalos, pagaba con mis versos. El pobre ame con cautela, guárdese el pobre de hablar con torpeza y soporte resignado muchas cosas que no toleran los ricos. Recuerdo que en cierta ocasión descompuse frenético los cabellos de mi amante, y este instante de cólera lo pagué con la pérdida de días deliciosos. Ni me di cuenta, ni creo que le rompiese la túnica; pero ella lo afirmó, y tuve que comprarle otra nueva.

Vosotros, si sois inteligentes, evitad los desplantes en que incurrí desatinado, y temed las consecuencias de mi falta. Las guerras, con los partos; con vuestras amigas vivid en paz, y ayudaos con los juegos y las delicias que mantienen la ilusión. Si fuese dura y un tanto esquiva a tus pretensiones, paciencia y ánimo: con el tiempo se ablandará. La rama del árbol se encorva fácilmente si la doblas poco a poco, y se rompe si la tuerces poniendo a contribución toda su fuerza. Aprovechando el curso del agua, pasarás el río, y como te empeñes en nadar contra la corriente, te verás por ella arrastrado. Con habilidad y blandura se doman los tigres y el león de Numidia, y paso a paso se somete el toro al yugo del arado. ¿Hubo criatura más selvática que Atalanta, la de Arcadia? Pues con toda su fiereza sucumbió a la solicitud de un joven. ¡Cuántas veces Milano* (así se dice) lloró a la sombra de los árboles su desgracia y la crueldad de la doncella!; ¡cuántas, por orden suya, soportó sobre sus espaldas redes y atravesó con los dardos al cerdoso jabalí, hasta que se sintió herido por el arco de su rival Hileo, aunque otro arco más temible había hecho blanco en su corazón!

Yo no te mando que así armado recorras las selvas del Ménalo, ni que lleves las redes en tus espaldas, ni que ofrezcas el pecho a las saetas lanzadas contra ti. Un mozo previsor halla suma facilidad en seguir los mandamientos de mi arte. Cede a la que te resista; cediendo saldrás victorioso. Arréglate de manera que hagas las imposiciones de su albedrío. ¿Acusa ella una cosa?; Acúsala tú y alábala si la alaba; lo que diga, repítelo, y niega aquello que niegue, ríete si se ríe, si llora no dejes de llorar, y que tu semblante sea una fiel copia del suyo. Si juega, tirando los dados de marfil, tíralos tú mal, y en seguida pásale la mano; si te recreas con las tabas, evítale el disgusto de perder y amáñate porque te toque siempre la fatal suerte del perro, y si os entretenéis a las tabas robándoos las piezas de vidrio, deja que las tuyas caigan en poder de la parte contraria; sostén por la empuñadura la sombrilla abierta cuando haya necesidad, y si pasa por medio de la turba, ábrele camino; al reclinarse en el mullido lecho, no descuides ofrecerle un escabel, y quita o calza las sandalias a su tierno pie. A veces tiritando de frío tendrás que calentar su mano helada en tu seno, y aunque consideres indigno para un

* Esposo de Atalanta.

hombre libre, no te avergüence sostenerle el espejo: ella te lo agradecerá. El héroe vencedor de los monstruos que le suscitó una madrastra, cuyo odio consiguió vencer; él que ganó por sus méritos el cielo que antes sostuvo en sus recias espaldas, es fama que sostenía los canastillos e hiló la lana entre las doncellas de Jonia. El héroe de Tirinto obedeció las órdenes de una mujer; anda, pues, y quéjate de sufrir lo que aquél sufrió. Manda ir al foro, procura llegar antes de la hora que te indique, siendo el último que te retires. ¿Te da una cita en cualquiera otro lugar? olvida todos los quehaceres, corre apresurado, y que la turba de transeúntes no logre embarazar tus pasos. Si volviendo a casa de noche después de un banquete llama a su esclavo, ofrécele tus servicios, y si estás en el campo y te escribe "ven en seguida", el amor odia la lentitud, a falta de coche emprende a pie el camino, y que no te retrase ni el mal tiempo, ni la ardiente canícula, ni la vía cubierta con un manto de nieve.

El amor, como la milicia, rechaza a los cobardes y los tímidos que no saben defender sus banderas. Las sombras de la noche, los fríos del invierno, los largos caminos, la crueldad del sufrimiento y toda suerte de trabajos son el premio de los que militan en su campo. ¡Qué de veces tendrás que soportar el chaparrón de la alta nube y dormir a la inclemencia sobre el duro suelo.

Dicen que Apolo apacentó en Fera las vacas de Admeto y se recogía en una humilde cabaña. ¿Quién no resistirá lo que Apolo lleva en paciencia? Despójate del orgullo, ya que pretendes trabar con tu amada lazos perdurables. Si en su casa te niegan un acceso fácil y seguro y se te opone la puerta asegurada con el cerrojo, deslízate sin temor por el lecho o introdúcete furtivamente por la alta ventana. Ella estará contenta cuando sepa el peligro que corriste por ella, y en tu audacia verá la prenda de un amor verdadero. Muchas veces pudiste, Leandro, abstenerte de la compañía de Hero; sin embargo, pasabas el estrecho a nado para que conociese los arrestos de tu ánimo.

No te dé apuro solicitar la ayuda de las criadas, según el puesto que cada cual ocupe, y si es preciso, el favor de los siervos. Saluda a cada cual con su nombre, esto no te perjudicará, y amante ambicioso, estrecha en las tuyas sus manos serviles. Conforme a tus medios de fortuna, haz algún regalillo de poco coste al que te lo pida, y lo mismo a las sirvientas en el aniversario de aquel día en que disfrazadas de matronas burlaron y exterminaron la hueste de los galos. Créeme, gánate el favor de la gente baja y no te olvides del portero ni del guardián de su alcoba.

No te incito a dar ricos presentes a tu amada, sino cosas sencillas y que los haga valiosos la oportunidad. Cuando la cosecha sea abundante y los árboles rebosen de fruto, ofrécele por tu siervo en un canastillo los dones del campo, y dile, aunque los hayas comprado en la Vía Sacra, que proceden de un huerto vecino a la ciudad. Envíale la cesta de uvas o las castañas tan apetecidas por Amarilis*, bien que a las jóvenes de hoy les gustan poco, y una docena de tordos o un par de palomas le testificarán mejor que la tienes presente en la memoria. Con tales presentes se conquista también la herencia de un viejo solitario; pero mala peste destruya a los que hacen de los regalos un delito.

¿Te recomendaré por igual que le escribas en tus billetes versos delicados? ¡Ay de mí! Los versos gozan ahora poco prestigio; son alabados, eso sí, pero se acogen con más gusto los regalos magníficos. Por barbarote que sea un rico,

* Personaje de las *Églogas*, de Virgilio.

nunca deja de agradar. Hoy vivimos en el siglo de oro, al oro se tributan mil honras, y hasta el amor se consigue a fuerza de oro. Infeliz Homero, si vinieses acompañado de las Musas y con las manos vacías, serías despedido ignominiosamente. Sin embargo, hay un corto número de mujeres instruidas, y otras que no lo son y quieren parecerlo; a éstas y aquéllas elógialas en tus versos, y buenos o malos, al leerlos, dales relieve con el primor del recitado; doctas e ignorantes acaso consideren como un pequeño regalo los cantos a ellas de-dicadas.

Avíate de modo que tu amiga te pida en cualquier ocasión aquello mismo que pensabas realizar, creyéndolo útil. Si has prometido la libertad a alguno de tus siervos, ordénale que vaya a interponer el favor de la señora de tus pensamientos, y si le perdonas un castigo o lo libras de las cadenas, deba a su intercesión lo que estabas resuelto a disponer. El honor será de tu amiga, la utilidad tuya, y no arriesgas nada en que ella crea ejercer sobre ti un dominio absoluto.

Si tienes verdadero empeño en conservar tus relaciones, haz que crea que estás maravillado de su hermosura. ¿Se cubre con el manto de Tiro?; alabas la púrpura de Tiro. ¿Viste los finos tejidos de Cos?; afirma que las telas de Cos le están muy bien. ¿Se adorna con franjas de oro?; asegúrale que sus formas tienen más precio que el rico metal. Si se defiende con el abrigo de paño recio, elogia su determinación; si se presenta con una túnica ligera, dile que encienda tus deseos, y tímidamente ruégale que se guarde del frío. ¿Divide el peinado sus cabellos?; alégrente por lo bien peinados. ¿Los tuerce en rizos con el hierro?; pondera sus graciosos rizos. Admira sus brazos cuando baila, su voz cuando cante, y así que cese, duélete de que haya acabado tan pronto. Admitido en su tálamo, podrás venerar lo que constituye tu dicha y expresar a voces las sensaciones que te embargan, y aunque sea más arisca que la espantosa Medusa, tornara dulce y tierna para su amante. Ten exquisita cautela en no parecer hipócrita y que el semblante contradiga tus razones; aprovecha ocultar el artificio, que una vez descubierto hace enrojecer, y con razón destruye por siempre la confianza.

Al declinar de un año abundantísimo, cuando los maduros racimos se pintan con un jugo purpúreo y el tiempo inconstante ya nos acosa con el frío, ya nos sofoca de calor, y sus bruscas transiciones rinden los cuerpos a la languidez, ella puede rebosar de salud, mas si cae enferma en el lecho y siente la maligna influencia de la estación, entonces has de patentizar tu amor y solicitud; siembra entonces para recoger después una abundante cosecha; no te enoje el fastidio que produce una larga enfermedad, rindan tus manos los servicios que ella consienta, vea las lágrimas suspensas en tus ojos y no advierta que el asco te impide besar sus yertos labios y humedecerlos con tu llanto. Haz votos por su salud en alta voz, y si se ofrece la ocasión, cuéntale el sueño de feliz augurio que has tenido y ordena que una vieja purifique el dormitorio y el lecho, llevando en las trémulas manos el azufre y los huevos de la expiación. Ella conservará grato recuerdo de tus servicios, y con tal comportamiento muchos se abrieron camino para conseguir una herencia; pero evita provocar el odio de la enferma por tu excesiva oficiosidad, y guarda la moderación en tu solícito celo. No la prives de comida, y si tiene que tomar una poción amarga, que se la prepare tu rival.

El viento que hincha tus velas a la salida del puerto, no te servirá cuando navegues en alta mar. El amor nuevo es vacilante, con el uso, cobra fuerzas, y si lo alimentas convenientemente, con el tiempo adquiere gran robustez. El becerrillo que solías halagar, con tus caricias, ya hecho toro infunde pavor; el árbol a cuya sombra descansas ahora, fue un débil plantón; el arroyuelo humilde dilata el caudal en su curso, y por donde pasa recibe multitud de corrientes que lo transforman en río impetuoso. Que se acostumbre a tratarte, tiene gran poder la costumbre, y no rehuyas penas o tedios por ganarte su voluntad. Que te vea y escuche a todas horas y que noche y día estés presente a su pensamiento. Cuando abrigues la absoluta confianza de que sólo piensa en ti, emprendes un viaje, para que tu ausencia la llene de añoranza: déjala que descanse; en los barbechos fructifican abundantes las semillas, y la árida tierra absorbe con avidez el agua de las nubes. Mientras tuvo presente a Demofón, Filis le atestiguó una pasión moderada, y así que aquél se hizo a la vela ésta se consumió en una llama voraz. El astuto Ulises atormentaba a Penélope con su ausencia, y Laodamia languidecía separada de su caro Protésilas; pero no retardes la vuelta, en obsequio a tu seguridad; el tiempo debilita los recuerdos, se desvanece el amor ausente, y otro nuevo amante viene a reemplazarlo. En la ausencia de Menelao, por no dormir sola, se entregó Helena a las ardientes caricias de su huésped*. ¡Qué insensatez la tuya, Menelao, partir solo y dejar bajo el mismo techo a tu esposa con un extranjero! ¡Imbécil!, confías las palomas a las uñas del milano y entregas tu redil al lobo de los montes. Helena no tiene culpa alguna ni su adúltero amante por hacer lo que tú, lo que otro cualquiera hubiese hecho en su lugar. Tú la lanzaste al adulterio dándole tiempo y lugar; ella es sólo

* Paris.

responsable de seguir tus consejos. ¿Qué había de suceder, con el marido ausente, a su lado un amable extranjero y temiendo dormir sola en el vacío lecho? Que Menelao piense lo que quiera, yo la absuelvo de responsabilidad; no pecó en aprovecharse de la complacencia de su marido.

Mas ni el feroz jabalí, cuando colérico derriba a los canes con sus colmillos fulminantes, ni la leona cuando amamanta a sus pequeñuelos cachorros, ni la violenta víbora que aplasta el pie del viajero inadvertido, son tan crueles como la mujer que sorprende una amante en el lecho del esposo: la rabia del alma se pinta en su faz, el hierro, la llama, todo sirve a su venganza, y olvidado el decoro, se transforma en una bacante atormentada por el dios de Aonia*. La bárbara Medea vengó con la muerte de sus hijos el delito de Jasón y los derechos conyugales violados. Esa golondrina que ves fue otra cruel madrastra: mira su pecho manchado de la sangre del crimen. Los celos deshacen los más firmes lazos, las uniones venturosas, y el hombre prudente no debe provocarlos jamás. Mi censura no pretende condenarte a que te regocijes con una sola mujer; líbrenme los dioses; apenas las casadas pueden resistir tal obligación. Diviértete, pero oculta con un velo las faltas que cometas y nunca te vanaglories de tus felices conquistas. No hagas a la una regalos que la otra pueda reconocer, y no tengas horas fijas para tus citas amorosas, y para que no te sorprenda la más suspicaz en algún escondite que le sea conocido, no te reúnas con la otra a menudo en el mismo lugar. Cuando le escribas, vuelve a releer de nuevo las tablillas antes de enviárselas: muchas leen en el escrito lo que no dice realmente. Venus, ofendida, prepara con justicia las armas, devuelve los dardos

* Baco

que la hieren y obliga al combatiente a soportar los males que ha ocasionado. Mientras Agamenón vivió feliz con su esposa, ésta fue fiel, y sólo el ejemplo del marido la incitó a claudicar. Clitemnestra había sabido que Crises*, con el ramo de laurel en la mano y en la frente las cintas sagradas, no logró rescatar a su hija; había oído hablar, ¡oh Briseida!, del rapto que te causó tan vivos dolores y de los motivos vergonzosos que prolongaron la conclusión de la guerra. Esto lo había oído, pero con sus propios ojos vio a la hija de Príamo, y al vencedor que volvía sin sonrojo hecho esclavo de su propia cautiva. Entonces la hija de Tíndaro** acogió en su pecho y su tálamo a Egisto y vengó con el crimen la infidelidad del esposo.

Si a pesar de las precauciones, tus celadas andanzas llegan un día a descubrirse, aunque sean más claras que la luz, niégalas hasta el fin y no te muestres ni más sumiso ni más cariñoso de lo que acostumbras: estas mudanzas son pruebas de un sentimiento culpable; pero no economices tu esfuerzo hasta dejarla satisfecha: la paz se conquista a tal precio, y así desarmarás la cólera de Venus. Habrá quien te recomiende el empleo de hierbas nocivas como la ajedrea, o una mezcla de pimienta con la semilla de la picante ortiga, o la del rojo dragón diluida en vino rancio; todas, a mi juicio, son venenosas, y la divinidad venerada en el monte Erix***, poblado de bosques, no consiente que con estas drogas se alcancen sus placeres; puedes tomar la blanca cebolla que nos llega de la ciudad de Megara y la hierba afrodisíaca que crece en nuestros jardines, con los

* Padre de Criseida, capturada por los griegos y entregada como esclava a Agamenón.
** Clitemnestra, esposa de Agamenón.
*** Venus.

huevos, la miel del Himeto y los frutos que produce el arrogante pino.

Docta Erato, ¿a qué te entretienes en discurrir sobre el arte médica? Corramos por el camino de donde nos hemos separado. Tú, que siguiendo mis consejos ocultabas ayer tus infidelidades, modifica la conducta, y por orden mía descubre tus infidelidades. No culpes mi inconsciencia; la corva nave no obedece siempre al mismo viento, ya la impulsa el Bóreas de Tracia, ya el Euro; unas veces hincha las velas el Céfiro y otras el Noto. Observa cómo el conductor del carro ora deja las riendas sueltas, ora reprime con pericia la fogosidad de los corceles. Hay algunas mujeres a las que disgusta la indulgencia de la timidez, pues su afecto languidece si no lo reanima la sospecha de alguna rival; se embriaga demasiado con los prósperos sucesos y le cuesta gran trabajo sobrellevarlos con ánimo sereno. Como un fuego ligero se extingue poco a poco por falta de alimento y desaparece envuelto por la blanca ceniza, mas con la ayuda del azufre vuelve a renacer la llama que despide una nueva claridad; así, cuando el corazón languidece por exceso de seguridad indolente, necesita vivos estímulos que le devuelvan la energía. Infúndele agudas sospechas, vuelve a encender de nuevo el fuego apagado y que palidezca con los indicios de tus malos pasos. ¡Oh, cien y mil veces feliz aquel de quien se querella su prenda justamente ofendida! Apenas la noticia de la infidelidad llega a lastimar sus oídos, cae desmayada y pierde al mismo tiempo el color y la voz. ¡Ojalá fuese yo la víctima a quien arrancase furiosa los cabellos y cuyas tiernas mejillas sangrasen destrozadas por sus uñas! ¡Ojalá al verme se deshiciese en llanto y me contemplase con torvas miradas, y aunque quisiera no acertase a vivir un momento sin mí! Si me preguntas cuánto tiempo hay que dejarla llorar sus ofensas, te aconsejaré que el menor posible, para que el tiempo no avive la fuerza de la ira. Apresúrate a estrechar con tus brazos su marmóreo cuello y acoge en tu seno su rostro bañado en lágrimas; cúbrelas de besos y enjúgalas con los deleites de Venus; así firmarás las paces y con el rendimiento desarmarás su cólera. Si ella se desatina en extremo y te declara abiertamente la guerra, invítala a las dulzuras del lecho y allí se amansará, allí depone sus armas la pacífica concordia, y de allí, créeme, surge pronto el perdón. Las palomas que acaban de reñir, juntan sus picos acariciadores, y diríase que sus arrullos suenan como palabras de ternura.

La naturaleza al principio era una masa confusa y sin orden, donde giraban mezclados los astros, la tierra y el mar; después el cielo se elevó sobre la tierra y ésta quedó ceñida por las olas del Océano y surgieron del informe caos los diversos elementos: el bosque recibió por habitantes a las fieras, el aire a las aves y los peces escogieron las aguas por morada. Entonces el género humano vagaba por los campos solitarios y la fuerza constituía el don más preciado de sus rudos cuerpos; la selva les servía de vivienda, las hierbas de comida, las hojas de lecho, y por largo tiempo vivió cada cual desconocido de sus semejantes. La voluptuosidad se dice que ablandó los ásperos sentimientos, el varón y la hembra, reunidos en el mismo lugar, aprendieron lo que debían hacer sin necesidad de maestro, y Venus no tuvo que recurrir al arte para cumplir su grata misión. El ave ama a su compañera, que le llena de gozo, el pez solicita a su hembra en medio de las aguas, la cierva sigue al ciervo, la serpiente se une a la serpiente, la perra se entrega al adulterio con el perro, la oveja recibe los halagos del carnero, la vaca se regocija con el toro, la cabra aguanta al inmundo macho cabrío y las yeguas se agitan furiosas por juntarse a los potros que están lejos, recorren largas distancias y atraviesan a nado los ríos.

Ánimo, pues; emplea tan eficaz remedio en calmar la ira de tu amada; es el único que curará su salvaje dolor: esta medicina supera a las pócimas de Macaón*, y con ella, si hubieses pecado, volverás a ganarte su perdida voluntad. Así cantaba yo. Apolo se me aparece de pronto, pulsando con sus dedos las cuerdas de la lira de oro, con un ramo de laurel en la mano, ceñida por una guirnalda de sus hojas la divina cabellera, y en tono profético me habla de esta suerte: "Preceptor del amor lascivo, guía pronto tus discípulos a mi templo, donde se lee la inscripción conocida en todo el universo que ordena al hombre conocerse a sí mismo: el que se conozca a sí mismo guiará con sabiduría sus pasos por la difícil senda y jamás intentar empresas que sobrepujen a sus fuerzas. Aquel a quien la naturaleza dio un bello rostro, saque de él partido; el que se distingue por el color de la piel, reclínese enseñando los hombros; el que gusta por su trato, evite la monotonía del silencio; cante el hábil cantor, beba el bebedor infatigable; pero el orador impertinente no interrumpa la conversación con sus discursos ni el poeta vesánico se ponga a recitar sus ensayos." Así habló Febo; obedeced sus órdenes: las palabras del dios merecen la mayor confianza. Vuelvo a mi asunto: el que ame con prudencia y siga los preceptos de mi arte, saldrá victorioso y obtendrá cuanto desee. No siempre los surcos devuelven con usura las semillas que se les arroja, ni siempre el viento favorece la ruta de las naves. El amante tropieza en su camino más tedios que satisfacciones, y ha de preparar el ánimo a duras pruebas. No corren tantas

---

* Hijo de Esculapio.

liebres en el monte Atos, ni vuelan tantas abejas en el Hibla, ni produce tantas olivas el árbol de Palas, ni se ven tantas conchas a orillas del mar, como penas se padecen en las contiendas amorosas: los dardos que nos hieren están bañados en amarga hiel. Si te dicen que ha salido fuera, aunque la veas andar por casa, cree que ha salido fuera y que tú ves visiones. Si te ha prometido una noche y encuentras la puerta cerrada, llévalo con paciencia y reclina tu cuerpo en el duro suelo. Tal vez alguna criada hipócrita diga con expresión altiva: "¿Por qué este individuo asedia nuestras puertas?" Ea, dirige a este intratable bicho frases cariñosas desde los umbrales y adórnalos con las rosas que arrancaste a la guirnalda de tu cabeza. Cuando se digne recibirte, apresúrate a complacerla; si se niega, retírate: un hombre educado nunca es importuno. ¿Quieres que tu amiga pueda exclamar: "No hallo modo de despedirle"? Como no siempre la mujer da pruebas de buen sentido, no consideres torpe acción aguantar los insultos y si es preciso los golpes ni besar tiernamente sus lindos pies.

Mas ¿por qué me entretengo en nimiedades? Álcese el ánimo a mayores. Cantaré grandes cosas: vulgo de los amantes, préstame dócil atención. El trabajo es arduo, pero no hay esfuerzo sin peligro, y el arte que enseño se recrea en los inconvenientes. Soporta con paciencia a tu rival y saldrás victorioso en el templo del gran Júpiter. Cree mis vaticinios, que no los profieren labios mortales sino las encinas de Dódona. Mi enseñanza no conoce preceptos más sublimes. ¿Se entiende por señas con tu rival?; aguántalo indiferente. ¿Le escribe?; no te apoderes de sus tablillas, que vaya y venga donde le plazca. Algunos maridos tienen esta complacencia con sus legítimas esposas, sobre todo cuando el dulce sueño viene a facilitar los engaños: en este punto, lo confieso, yo no he llegado a la perfección. ¿Qué partido tomar? Los consejos que prescribo rebasan la medida de mis fuerzas. ¿Toleraré que en mis barbas un cualquiera se entienda por gestos con mi amada, sin que estalle el volcán de mi cólera? Recuerdo que en una ocasión ella recibió un beso de su marido y me quejé amargamente; tan locas eran las exigencias de mi pasión. Este defecto me perjudicó no poco en múltiples ocasiones. Es más hábil el que permite que otros se regodeen con su prenda; pero yo estimo lo mejor ignorarlo todo. Déjala que oculte sus infidelidades, no sea que la obligada confesión de la culpa haga huir la vergüenza de su rostro. Así, jóvenes, no queráis sorprender a vuestras amigas; dejad que os engañen y que os crean convencidos con sus buenas razones. Los amantes cogidos infraganti se quieren más desde que su suerte es igual, y el uno y el otro se aferran en seguir la conducta que los pierde.

Se cuenta una hazaña bien conocida en todo el Olimpo: la de Venus y Marte sorprendidos por la astucia de Vulcano. El padre Marte, enloquecido por un amor desmesurado hacia Venus, de guerrero terrible convirtióse en sumiso amador, y Venus, ninguna diosa es tan sensible a los ruegos, no se mostró áspera y esquiva al numen de la guerra. ¡Cuántas veces dicen que puso en ridículo la cojera de su marido y las manos callosas de andar entre el fuego y las tenazas! Delante de Marte simulaba la marcha torcida de Vulcano, y en estas burlas realzaba su hermosura con gracia sin rival. Al principio solían ocultar cuidadosamente sus encuentros amorosos, y su trato culpable aparecía lleno de verecundo pudor. Mas el Sol, ¿quién puede ocultarse a sus miradas?, el Sol descubrió a Vulcano la infiel conducta de la esposa. ¡Oh Sol, qué ejemplo diste tan malo! ¿Por qué no reclamaste el premio de tu silencio, ya que ella tenía con qué pagarlo? Vulcano urde en torno del lecho una red imperceptible, que desafiaba la vista más perspicaz, y simula un viaje a Lemnos. Los amantes llegan a la cita, y desnudos uno y otro caen presos en la red. El marido llama a los dioses y les ofrece en espectáculo a los prisioneros. Venus apenas podía contener las lágrimas; en vano intentaba taparse la cara y cubrir con las manos las partes vergonzosas, y no faltó quien dijese al tremebundo Marte: "Si te pesan esas cadenas, échalas sobre mis hombros". Obligado por las instancias de Neptuno, se resolvió Vulcano a libertar a los prisioneros. Marte se marchó a Tracia y Venus a Pafos. Vulcano, ¿qué conseguiste con tu estratagema? Los que antes ocultaban el delito, hoy obran con entera libertad y sin átomo de pudor. Muchas veces habrás de arrepentirte de tu necia insensatez y de haber escuchado los gritos de la cólera. Os prohibo estas venganzas, como os las prohibe ejecutar la diosa que fue víctima de tales trampas. No tendáis lazos a vuestro rival ni penetréis los secretos de una misiva cuya letra os sea conocida: dejad estos derechos a los maridos, si estiman que los dejen ejercer, pues a ello les autoriza el fuego y el agua de las nupcias. De nuevo os lo repito: aquí sólo se trata de placeres consentidos por las leyes y no asociamos a nuestros juegos a ninguna matrona.

¿Quién se atreverá a divulgar los profanos ritos de Ceres y las solemnes ceremonias instituidas en Samotracia? Poco mérito tiene guardar silencio en lo que se nos manda, y al contrario, revelar un secreto es culpa harto grave. Con justicia Tántalo, por charlatán, no alcanza a tocar los frutos del árbol suspendidos sobre su cabeza y se ahoga en medio de las aguas. Citerea, sobre todo recomienda velar sus misterios: os lo advierto para que ningún charlatán se acerque a su templo. Si los de Venus no se ocultan en las sagradas cestas, si el bronce no repercute con estridentes golpes y todos estamos iniciados en ellas es a condición de no divulgarlos. La misma Venus, cuantas veces se quita sus ropas, se apresura a cubrir con la manos sus secretas perfecciones. Con frecuencia los rebaños se entregan en medio del campo a los deleites carnales; mas al verlos, la honesta doncella aparta ruborizada la vista. A nuestras citas convienen un tálamo oculto y una puerta cerrada, con nuestros vestidos tapamos vergonzosas desnudeces, y si no buscamos las tinieblas, deseamos una media oscuridad; todo menos la luz radiante del día. En aquellos tiempos en que aún no se habían inventado las tejas que resguardasen del sol y la lluvia, y la encina nos procuraba abrigo y nutrición, no a la luz del día, sino en las selvas y las cuevas, se gozaban los placeres de la voluptuosidad: tanto respetaba el pueblo rudo las leyes del pudor. En cambio hoy anunciamos nuestras andanzas nocturnas y nada se paga a tan alto precio como el placer de que las sepa todo el mundo. ¿Vas a reconocer en cualquier sitio a todas las muchachas, para decir a un amigo: "Esa que ves fue mía", y para que no te falte una a quien señalar con el dedo, la comprometes de modo que se convierta en objeto de charla de la ciudad? Digo poco: hay sujetos que inventan situaciones que negarían si fuesen verdaderas, y se vanaglorian de que ninguna les ha negado su favor, y si no mancillan los cuerpos, afrentan los nombres y ponen en duda la reputación de mujeres honradísimas.

Anda, pues, odioso guardián de una mujer, atranca las puertas y échales por más seguridad cien cerrojos. ¿De qué sirven tus precauciones si la calumnia se ensaña en la honra y el adúltero pregona lo que nunca ha existido? Nosotros, en cambio, hablamos veladamente de nuestras conquistas reales y con un velo tupido encubrimos nuestros hurtos misteriosos. No reprochéis nunca a una joven sus defectos; el haberlos disimulado fue a muchos de gran provecho. Aquel que llevaba un ala en cada pie no reprobó en Andrómeda el color de su piel. Andrómaca sorprendía a todos por su talla desmesurada, pero Héctor encontró que no pasaba de la regular. Acostúmbrate a lo que te parezca mal, y lo conllevarás bien: el paso del tiempo atempera muchas cosas y la pasión incipiente se alborota por una nonada. Cuando el ramillo injerto se nutre en la verdadera corteza, cae al menor soplo del viento; mas con el tiempo arraiga y resistirá la violencia del huracán, y ya rama vigorosa, enriquece el árbol que la adoptó con frutos exquisitos. Los defectos del cuerpo desaparecen un día y lo que notamos como defectuoso llega por fin a no serlo. Un olfato poco acostumbrado rechaza el olor que despiden las pieles de toro, y a la larga concluye por soportarlo sin repugnancia.

Se pueden atenuar los defectos con eufemismos: llamemos morena a la que tenga el cutis más negro que la pez de Iliria; si es bizca, digamos que se parece a Venus; si es pelirroja, a Minerva; consideremos como esbelta a la que por su delgadez más parece muerta que viva; si es menuda, di que es ágil; si grandota, alaba su exuberancia, y oculta los defectos con los nombres de las buenas cualidades que a ellas se aproximan. No le preguntes los años que tiene o en qué consulado nació; deja estas atribuciones al rígido censor, sobre todo si ya no está en la flor de su juventud, si su mejor tiempo ha pasado y ya comienzan a blanquear las canas entre sus cabellos. Jóvenes, esta edad u otra más adelantada cuadra a vuestros placeres, estos campos habéis de sembrar, porque producen la mies en abundancia. Mientras los pocos años y las fuerzas os alientan, no ahorréis esfuerzos, que pronto vendrá con tácitos pasos la caduca vejez. Azotad las olas con los remos, abrid la tierra con el arado, o empuñad briosos las sangrientas armas del combate, o entregaos en cuerpo y alma al servicio de las mujeres que, como el de la guerra, os ofrecerá ricos despojos. Se ha de añadir que las mujeres de cierta edad tiene gran habilidad en sus tratos, tienen la experiencia que tanto ayuda a desarrollar el ingenio, saben, con los afeites, encubrir los estragos del tiempo y a fuerza de ardides borran las señales de la vejez. Te ofrecerán si quieres de cien modos distintos las delicias de Venus, tanto que en ninguna pintura encuentres mayor variedad. En ellas el placer no necesita excitantes, y el varón y la hembra experimentan sensaciones iguales. Odio la relación en que el deleite no es recíproco: por eso no me conmueven los halagos de un adolescente; odio a la que se entrega por razón de la necesidad y en el momento del placer piensa indiferente en el huso y la lana. No agradezco los dones hijos de la obligación y dispenso a mi amiga sus deberes con respecto a mi persona. Me complace oír los gritos que delatan sus intensos goces y que me detenga con ruegos para prolongar su voluptuosidad. Me siento dichoso si contemplo sus vencidos ojos que anubla la pasión y que languidece y se niega tenaz a mis exigencias.

La naturaleza no otorga estas dichas a la primera juventud, sino a esa edad que suele llegar después de los siete lustros. Los que tienen prisa beben el vino reciente; yo quiero que mi tinaja me regale con el añejo que data de los antiguos cónsules. El plátano sólo después de algunos años resiste los ardores del sol, y la hierba recién segada de los prados daña los pies desnudos. ¡Qué!, ¿osarías anteponer Hermíone a Helena y afirmar que Gorgea valía más que su madre?* El que pretenda coger los frutos de Venus ya maduros, con perseverar un poco alcanzará el debido galardón.

He aquí que un lecho cómplice ha recibido a dos amantes. Musa, no abras la puerta cerrada del dormitorio. Sin tu ayuda las palabras más hermosas brotarán espontáneas de los labios; así las manos no yacerán inactivas y los dedos sabrán deslizarse por las partes donde el amor templa ocultamente sus flechas. Así en otros días lo hizo con Andrómaca el fortísimo Héctor, cuyo habilidad no brillaba sólo en los combates, y así el gran Aquiles con su cautiva de Lirneso, cuando cansado de la guerra se retiraba a descansar en el lecho voluptuoso. Tú, Briseida**, permitías que te tocasen aquellas manos que aún estaban bañadas con la sangre de los frigios. ¿Acaso no fue esto mismo lo que más te gustaba, viendo orgullosa cómo acariciaba tu cuerpo las manos del vencedor? Créeme, no te afanes por llegar al término de la dicha; retrásalo insensiblemente y la alcanzarás completa. Si das en aquel sitio más sensible de la mujer, que un necio pudor no te detenga la mano; entonces observarás cómo sus ojos despiden una luz temblorosa, como al rayo del sol que se refleja en las aguas cristalinas; luego vendrán los gemidos, los dulcísimos murmullos, los tiernos quejidos y las palabras que favorecen el placer; pero ni te la dejes atrás desplegando todas las velas ni permitas que ella se te adelante. Penetrad juntos en el puerto. La plenitud del placer se logra cuando dos amantes caen vencidos a un mismo tiempo, esta es la regla que te prescribo, si puedes disponer de espacio y el

* Hija de Altea y Eneo, y cuñada de Hércules.

** Error de Ovidio: la cautiva de Aquiles no era Criseida (que lo era de Agamenón), sino Briseida.

temor no te obliga a apresurar tus hurtos placenteros; mas si en la tardanza se oculta el peligro, conviene bogar a todo remo e hincar las espuelas en tu caballo.

Me acerco al fin de la obra: juventud generosa, concededme la palma y coronad mis cabellos perfumados con guirnaldas de mirto. Cuanto sobresalía Podalirio entre los griegos por su arte en la medicina, Pirro por su pujanza, Néstor por su prudencia, Calcas por sus veraces vaticinios, Telamón por su destreza en las armas y Automedonte por su habilidad en guiar los carros, tanto sobresalgo yo en el arte de enamorar. Jóvenes, ensalzad a vuestro poeta, cantad sus alabanzas y que su nombre corra triunfante por en mundo entero.

Os he provisto de armas como las que Vulcano dio a Aquiles; éste venció con ellas; venced vosotros con las que os puse en las manos, y el que con mi espada venza de una feroz amazona, grabe sobre su trofeo: "Ovidio fue mi maestro".

Mas a su vez las tiernas muchachas me piden mis consejos, que serán el tema del libro siguiente.

Libro tercero

Proporcioné armas a los griegos contra las amazonas, y ahora debo armar contra ellos a Pentesilea y su belicosa hueste. Acudid a la batalla en igualdad de condiciones y triunfen los protegidos de la encantadora Venus y el niño que va volando por todo el mundo. No era justo que las mujeres combatiesen desnudas contra enemigos bien armados, y en estas condiciones la victoria de los hombres sería altamente vergonzosa.

Quizá, de entre tantos, alguno me dirá: "¿A qué suministras ponzoña a la víbora y entregas el rebaño a la loba feroz?" Respondo que es injusto extender a todas el delito de unas pocas y que cada cual debe ser juzgada según sus propias obras. Si Menelao se queja con motivo de Helena, con mucho mayor Agamenón puede acusar a Clitemnestra, la hermana de Helena; si por maldad de Erífile, la hija de Talaión, Anfiarao descendió vivo a los infiernos sobre sus briosos corceles, tenemos a Penélope casta y fiel a su marido en los dos lustros de la guerra de Troya y en los otros dos que anduvo errante por los mares. Acuérdate de Laodamia, que acabó sus días en la flor de la edad por unirse a su esposo en la tumba, y de Alcestes, que redimió de la muerte a su marido, Admeto, con el sacrificio de la propia vida. "Acógeme, Capaneo, y que nuestras cenizas se confundan", dijo la hija de Ifis*, y en seguida se lanza en medio de la pira.

* Medea o Evadne, esposa de Capaneo.

La virtud es femenina por el traje y el nombre; ¿qué tiene de extraño que favorezca a su sexo? Pero mi arte no pretende alentar almas tan grandes; a mi humilde bajel le corresponden velas menores. Con mis lecciones aprenderán amores fáciles y les enseñaré el modo de conseguir sus propósitos. La mujer no sabe esquivar las llamas ni las flechas crueles de Cupido; flechas que, a mi juicio, hieren menos hondo en el corazón del hombre. Éste engaña muchas veces; las tiernas muchachas, si las estudias, verás que son pérfidas muy pocas. El falso Jasón repudió a Medea siendo ya madre, y bien pronto buscó otra desposada que ocupase su lecho. Teseo, ¡cuánto temió por tu causa Ariadna servir de pasto a las aves marinas, abandonada en el desierto litoral! Pregunta por qué Filis corrió nueve veces a la playa y oirás que, dolidos de su infortunio, los árboles se despojaron de su cabellera. Eneas goza fama de justo, y, no obstante, Elisa*, en premio de la hospitalidad te proporcionó la espada y la desesperación, instrumentos de tu muerte. Voy a explicaros lo que os perdió: no supisteis amar, os faltó el ingenio, sí, el ingenio que perpetúa el amor. Hoy también lo ignoraríais, mas Citerea me ordenó enseñároslo, apareciéndose delante de mí y diciéndome: "¿Qué mal te han hecho las pobres mujeres, que las entregas como desvalido rebaño a los jóvenes armados por ti? Tus dos cantos primeros los instruyeron en las reglas del arte, y el bello sexo reclama a su vez los consejos de tu experiencia. El poeta que llenó de oprobio a la esposa de Menelao, mejor aconsejado, cantó después sus alabanzas. Si te conozco bien, te creo incapaz de ofender a las bellas, y mientras vivas esperan de ti el mismo proceder." Dijo, y de

---

* Nombre de Dido.

la corona de mirto que ceñía sus cabellos arrancó una hoja y varios granos y me los regaló. Apenas recibidos, sentí la influencia de una divinidad, la luz brilló más pura a mis ojos y el pecho quedó aliviado de su carga abrumadora. Puesto que me alienta el ingenio, aprended, lindas muchachas, los preceptos que me permiten daros el pudor, las leyes y vuestro propio interés. Tened presente que la vejez se aproxima ligera y no perderéis un instante de la vida. Divertíos mientras podéis y estáis todavía en la primavera de la vida, no malgastéis el tiempo, pues los días pasan como las ondas de un río, y ni la onda que pasa vuelve hacia su fuente ni la hora perdida puede tampoco ser recuperada. Aprovechaos de la juvenil edad que se desliza silenciosa, nunca es tan buena la siguiente como lo fue la anterior. Yo he visto florecer las violetas en medio del matorral, y recogí las flores de mi corona entre los abrojos de la maleza. Pronto llegará el día en que ya vieja, tú, que hoy rechazas al amante, pases muerta de frío las noches solitarias, y ni los pretendientes rivales quebrantarán tu puerta con sus riñas nocturnas ni por la mañana hallarás tu umbral sembrado de rosas. ¡Ay de mí!, ¡qué pronto las arrugas afean el rostro y desaparece el color sonrosado que pinta las mejillas! Esas canas que juras tener desde la niñez, se aprestan a blanquear súbitamente toda tu cabeza. La serpiente se rejuvenece cambiando de piel, lo mismo que el ciervo despojándose de su cornamenta; a nosotros nada nos compensa de las dotes perdidas. Apresúrate a cortar la rosa; pues si tú no la cortas, caerá torpemente marchita.

Añádase a esto que los partos hacen envejecer a las jóvenes, como a fuerza de producir se esterilizan los campos. Luna, no te ruborices de visitar a Endimión en el monte Latmos; diosa de los dedos de púrpura, no te avergüences de Céfalo, y por no hablar de ti, Adonis, a quien Venus llora desolada, ¿no se debió al amor el nacimiento de Eneas y Harmonía? Seguid el ejemplo de las diosas, jóvenes mortales, y no neguéis los placeres que solicitan vuestros ardientes adoradores. Si os engañan, ¿qué perdéis? Seguís teniendo todo lo que es vuestro y en nada desmerecéis aunque os arranquen mil condescendencias. El hierro y el pedernal se desgastan con el uso; aquella parte de vosotras resiste a todo y no tiene que temer ningún daño. ¿Pierde una antorcha su luz por prestarla a otra? ¿Quién os impedirá que toméis agua en la vasta extensión del mar? Sin embargo, afirmas no ser decoroso que la mujer se entregue así al varón, y respóndeme, ¿qué pierdes sino el agua que puedes tomar en cualquier fuente? No pretendo que os prostituyáis, sino libraros de vanos temores; vuestras dádivas no os han de empobrecer. Que el leve soplo de la brisa me ayude a salir del puerto; después, en alta mar, volaré al impulso de los vientos más impetuosos.

Comenzaré por cuidados personales. A un excelente cultivo son deudoras las viñas de su fecundidad, y las espigas del grano que en abundancia producen. La belleza es un don divino, mas cuán pocas se enorgullecen de poseerlo; la mayor parte de vosotras carece de tan rica dote, pero los afeites hermosean el rostro, que desmerece mucho si se abandona, aunque se asemeje en lo seductor al de la diosa de Idalia*. Si las mujeres de la antigüedad no gastaban su tiempo en el aderezo personal, tampoco los esposos con quienes trataban se distinguían por el aseo. Andrómaca vestía una túnica suelta. ¿Qué tiene de extraño?; era la esposa de un rudo militar. ¿Había de presentarse cargada de adornos la cónyuge de Ayax, a este héroe que

* Venus. Idalia es una ciudad de Chipre.

cubría su cuerpo con un escudo de siete pieles de toro? Antiguamente imperaba una rústica simplicidad, mas hoy Roma brilla con los grandes recursos del mundo que ha sometido. Considera lo que fue antes el actual Capitolio y creerás que es otro el Júpiter que veneramos. Esa curia donde se reúnen los dignísimos senadores, en el reinado de Tacio era una humilde choza. Donde ahora deslumbra el suntuoso templo consagrado a Febo y nuestros insignes caudillos, existía un prado en que se apacentaban los bueyes. Que otros prefieran lo antiguo, yo me alegro de haber nacido en época que conviene a mis costumbres; no porque hoy se explota el oro oculto en el seno de la tierra y las playas remotas nos envían la concha de la púrpura; no porque merme la altura de los montes a fuerza de extraer sus mármoles, ni porque se rechazan de la costa las cerúleas olas con los muelles prolongados, sino porque se cuida el aspecto y no ha llegado hasta nosotros la rusticidad primitiva que heredamos de nuestros antepasados.

Mas vosotras no carguéis las orejas con esas costosas perlas que el indio tostado recoge en las verdes aguas; no os mováis con dificultad por el peso de los recamados de oro que luzcan vuestros vestidos; el fausto con que pretendéis subyugarnos, tal vez nos ahuyenta, y nos cautiva la pulcritud y el cabello primorosamente peinado, cuya mayor o menor gracia depende de las manos que se ejercitan en tal faena. No hay un tipo único de peinado; elija cada cual el que le convenga y consulte con el espejo. Un rostro alargado reclama que caiga dividido sobre la frente: así lo usaba Laodamia; las caras redondas prefieren recogerlo en nudo sobre la cabeza y lucir al descubierto las orejas: los cabellos de la una caigan tendidos por la espalda, como los del canoro Febo en el momento de pulsar la lira; la otra líguelos en trenzas, como Diana cuando persigue en el bosque las fieras atemorizadas. A ésta cae lindamente un peinado hueco y vagoroso; la otra gusta más llevándolo aplastado sobre las sienes; la una se complace en sujetarlo con la peineta de concha; la otra lo agita como las olas ondulantes; pero ni contarás nunca las bellotas de la espesa encina, ni las abejas del Hibla, ni las fieras que rugen en los Alpes, ni yo me siento capaz de explicar tantas modas diversas, número que aumenta con otras cada día que pasa. A muchas le está bien incluso una cabellera como al descuido; crees que se peinó ayer tarde y sale ahora mismo del tocador. Que el arte imite el azar. Así vio Hércules a Jole en la ciudad que tomaba por asalto y dijo al instante: "La amo"; y tal aparecía Ariadna abandonada en las playas de Naxos, cuando Baco la arrebató en su carro entre los gritos de los sátiros que gritaban: "Evoé." ¡Qué indulgencia tiene la naturaleza con vuestros encantos y cuántos medios os brinda para ocultar los defectos! Nosotros los disimulamos bastante mal, y con la edad huyen nuestros cabellos, como las hojas del árbol sacudidas por el bóreas. La mujer, cuando encanecen los suyos, los tiñe con las hierbas de Germania, y adquieren un color mejor que el natural; la mujer se exhibe con abundantísimos cabellos gracias a su dinero y de ajenos convertidos en propios, sin avergonzarse de comprarlos en público, ante la mirada del mismo Hércules y el coro de las musas.

¿Qué diré de los vestidos? No quiero ocuparme de los bordados ni de la lana dos veces teñida en la púrpura de Tiro. Pudiendo usar tantos colores más baratos, ¿qué locura os induce a gastar en el traje todas vuestra fortuna? Ved el color azulado del cielo transparente y limpio de las nubes lluviosas que impele el viento de mediodía o el otro semejante al del carnero que salvó a Frixo y Hele de las astucias de Ino:* este verde recibe el nombre de verdemar porque imita sus ondas y creo que así son los vestidos con que se cubrían las ninfas; aquél se parece al azafrán, color de la túnica de la Aurora, que esparciendo rocío apareja en su carro los brillantes corceles; aquí veis el del mirto de Pafos y de las purpúreas amatistas, el de la rosa encarnada y del plumaje de la grulla de Tracia. Por otra parte tampoco falta, Amarilis, el color de tus castañas, de las almendras, y de la estofa a que la cera ha dado su nombre.

Cuantas flores produce de nuevo la tierra a la llegada de la primavera, en que brotan las yemas de la vid sin temor del invierno perezoso, tantas y más varias tinturas embebe la lana; elige acertadamente, pues el mismo color no conviene a todas personas por igual.

El negro dice bien a las blancas como la nieve, a Briseida sentaba admirablemente, y cuando fue arrebatada vestía de negro. El blanco va mejor a las morenas; Andrómeda lo prefería, y vestida de este color descendió a la isla de Serifo. Casi me disponía a advertiros que neutralizaseis el olor cabruno que despiden las axilas y pusierais gran solicitud en limpiaros el vello de las piernas; mas no dirijo mis advertencias a las rudas montañesas del Cáucaso ni a las que beben las aguas del Caico de Misia. ¿A qué aconsejaros que no dejéis ennegrecer el esmalte de los dientes y que por la mañana os lavéis la boca con una agua fresca? Sabéis que el albayalde presta blancura a la piel y que el carmín empleado con arte suple en la tez el color de la sangre. Con el arte completáis las cejas no bien definidas y con los cosméticos veláis las señales que imprime la edad. No temáis subrayar el brillo de los ojos con una ceniza fina o con el azafrán que crece en tus riberas, ¡oh

* Ino, la madrastra, pretendió matarlos.

transparente Cicno! Yo he escrito un libro corto sobre el modo de reparar los estragos de la belleza, pero donde hallaréis mucha doctrina. Buscad allí los cosméticos de que tenéis necesidad las feas; en mi arte aprenderéis mil útiles consejos, si evitáis que el amante vea expuestos sobre la mesa vuestros frascos: el arte sólo mejora el rostro cuando se disimula. ¿A quién no molestan disgusto los mejunjes con que os cubrís la cara, que por su propio peso resbalan hasta vuestro seno?; ¿a quién no apesta la grasa que nos envían de Atenas extraída de los vellones sin lavar de la oveja? No me parece bien que en presencia de testigos utilicéis la medula del ciervo y os restreguéis los dientes: estas operaciones aumentan la belleza, pero son desagradables a la vista. Muchas cosas repugnantes durante su ejecución, agradan una vez hechas. Las magníficas estatuas cinceladas por el laborioso Mirón, antes de labrarse fueron bloques informes de pesado mármol. Para formar un anillo, primero se bate el oro, y de la mísera lana se tejen las vestiduras que os cubren; la que era una tosca piedra, hoy se ha convertido en noble escultura, y es Venus que sale desnuda de las olas destilando el líquido humor de su cabellera.

Imaginemos que te hallas durmiendo mientras arreglas tu tocado, y no aparezcas a nuestros ojos hasta después de darte el último retoque. ¿Por qué he de reconocer el afeite que blanquea tu tez? Cierra la puerta de tu dormitorio y no dejes ver tu compostura todavía imperfecta. Conviene a los hombres ignorar muchas cosas: la mayor parte les causaría repulsión si no se sustrajeran a su vista. ¿Ves los áureos adornos que resplandecen en la escena de los teatros?; pues son hojas delgadas de metal que recubren la madera, y no se permite a los espectadores acercarse a ellos sin estar acabados. Así, no debéis embelleceros en presencia de los varones; mas no os prohibo ofrecer a la peinadora los hermosos cabellos, porque así los veo flotar sobre vuestras espaldas; sobre todo procurad que no eternicéis esta operación ni retoquéis cien veces los lindos bucles y que la peinadora no tema vuestro furor. Odio a la que le clava las uñas en la cara y le clava la aguja en el brazo, obligándola a maldecir la cabeza de su señora que tiene entre sus manos y a manchar con lágrimas y sangre aquellos odiados cabellos. La que esté medio calva, ponga un guardia a la puerta o vaya a componerse al templo de la diosa Bona*.

En una ocasión se anunció mi inesperada llegada a cierta joven, y en su turbación se puso al revés la cabellera postiza. Que tan vergonzoso accidente no suceda más que a mis enemigos y caiga sólo tal deshonor sobre las hijas de los partos. Es repulsivo un animal mutilado, un campo sin hierba, un árbol desprovisto de hojas y una cabeza sin cabellos. No vienen a oír mis lecciones Semele o Leda o Europa, la que atravesó el mar sobre las espaldas de un falso toro**, ni Helena, a quien tú, Menelao, reclamas con tanta razón, y a quien tú, raptor troyano, haces bien en retener. El tropel de muchachas que oye mis palabras se compone de feas y hermosas; éstas últimas abundan menos que aquéllas y se curan poco de los preceptos y recursos del arte; gozan el privilegio de la beldad, que por sí sólo ejerce un dominio avasallador. Cuando el mar está en calma, el timonel descansa tranquilo; pero si las olas se encrespan, no deja un momento el timón. Cierto que son pocas las caras sin imperfecciones; atiende a disimularlos, y a serte

* Cibeles, diosa de la fecundidad y la abundancia.
** Júpiter.

posible, también las marcas del cuerpo. Si eres baja, siéntate, no crean que estás sentada hallándote de pie; si diminuta, extiende tus miembros a lo largo del lecho, y para que no puedan medirte viéndote tendida, oculta los pies con un traje cualquiera. La que sea demasiado delgada, vístase con estofas burdas y un amplio manto descienda por sus espaldas; la pálida tiña su piel con el rojo de la púrpura, y remédiese la morena con la sustancia extraída al pez de Faros. El pie deforme debe esconderse bajo un calzado blanco, y una pierna desmedrada manténgase firme, sujeta por varios lazos. Disimula las espaldas desiguales con pequeños cojines, y adorna con una banda el pecho demasiado saliente. Acompaña con escasos gestos la conversación, si tienes gruesos los dedos y toscas las uñas, y a la que tiene un aliento fuerte le recomiendo que no hable nunca en ayunas y siempre a regular distancia del que la oye. Si tienes los dientes negros, desmesurados o mal dispuestos, la risa te favorecerá muy poco.

¿Quién lo creerá? Las jóvenes aprenden el arte de reír, que presta gran auxilio a la beldad; entreabre ligeramente la boca, de modo que dos lindos hoyuelos se marquen en tus mejillas, y el labio inferior oculte la extremidad de los dientes superiores. Evita las risas continuas y estruendosas, y que suenen en nuestros oídos las tuyas con un no sé qué de dulce y femenino que los halague. Ciertas mujeres, al reír tuercen con muecas horribles la boca; otras dan suelta a la alegría con tales risotadas que diríase que lloran o lastiman los oídos con estrépito tan ronco y desagradable como el rebuzno de la borrica que da vueltas a la piedra de moler. ¿En dónde no imperan las reglas del arte? Aprenden a llorar con gracia, a llorar cuando quieren y del modo que les conviene.

¿Qué diré de las que eliminan las letras indispensables a la inteligencia de las palabras y fuerzan a su lengua a pronunciarlas tartamudeando? El vicio de pronunciar mal lo toman a gracia y aprenden a hablar peor de lo que podrían. Ponen atención en estas pequeñeces, que os será útil conocerlas. Aprended a mover el cuerpo como os favorezca más; en el movimiento de los pies hay tesoros de gracias inestimables que atraen o repelen a los pretendientes. Ésta mueve con intención las caderas, dejando flotar la túnica a capricho del viento y avanza el pie con soberbia; aquélla, como la cónyuge rubicunda del habitante de Umbría, en su marcha abre las piernas y da pasos desmesurados. En esto como en otras mil cosas, guárdese un término medio. Os chocará la ordinariez en los pasos de la una y en los de la otra el excesivo abandono. Conseguirás grandes conquistas si dejas al descubierto la extremidad de la espalda y la parte superior del brazo izquierdo, descuido que favorece mucho a las blancas como la nieve; yo, ante tales encantos, quisiera en mi arrebato cubrir de besos lo que devoran mis ojos.

Las sirenas eran unos monstruos marinos que detenían el curso de las naves con su voz encantadora. Apenas Ulises oyó sus cantos, estuvo a punto de romper las ataduras que le sujetaban, mientras sus compañeros, con la cera puesta en los oídos, desconocían el peligro. El canto es cosa muy agradable: muchachas, aprended a cantar; no pocas, con la dulzura de la voz lograron que se olvidase su falta de atractivo, y repetid ora las canciones que oísteis en los suntuosos teatros, ora los temas ligeros compuestos en el ritmo de Egipto. La mujer aleccionada por mis avisos sepa sujetar el plectro con su diestra y con la izquierda sostener la cítara. Orfeo, el de Tracia, movió las rocas y las fieras, el lago del Tártaro y el Cancerbero de tres cabezas; y tú, Anfión, justísimo vengador de la afrenta de tu madre, ¿no viste, a los acentos divinos de tu voz, obedecer las piedras que alzaron los muros de Tebas? Es harto conocida la fábula de Arión:* un pez, aunque mudo, se sintió conmovido por su canto. Aprende así a tocar con las dos manos las cuerdas del salterio, cuya música despierta las efusiones amorosas.

Séante conocidas las poesías de Calímaco, las del poeta de Cos, las del anciano de Teos, tan amante del vino**, y no olvides las de Safo, poetisa en extremo voluptuosa, ni las comedias del que nos representa un padre burlado por las malas artes del siervo Geta, y puedes leer además los versos del apasionado Propercio, sin excluir los mejores trozos de Galo, del dulce Tibulo o el poema que compuso Varrón sobre el vellocino de oro, ¡oh Frixo!, tan funesto a tu hermana y al cantor del fugitivo Eneas, que echó los cimientos de la excelsa Roma, obra maestra con la cual ninguna se atreve a competir. Y acaso mi nombre se mezcle con los de tan egregios poetas, librando mis escritos de las aguas del Leteo, y tal vez alguno dirá: "Lee los elegantes versos del maestro que ha instruido por igual a los dos sexos, y de los tres libros que tituló Amores, escoge el que hayas de recitar con voz suave y conmovedora, o declama con bien timbrada voz una de sus heroidas, género desconocido del cual se tiene por inventor."*** Así accedan a mis votos Febo, Baco, el de los cuernos en la frente, y las nueve hermanas, diosas propicias a los poetas. ¿Quién dudará que exijo de una mujer que sepa la danza y que

---

* Músico y poeta de Lesbos cuya vida salvaron los delfines.

** Se supone que el poeta de Cos sería Filetas, y el anciano de Teos Anacreonte.

*** Como vemos, Ovideo se refiere a sí mismo.

mueva, dejando la copa del festín, los tornea-dos brazos al compás de la música? Se aplaude con estrépito a las que saben cimbrear las caderas en los espectáculos teatrales; tanta seducción encierra su movilidad sugestiva. Casi me avergüenza detenerme en estas minuciosidades, mas quiero que las jóvenes sean hábiles en tirar los dados y calcular la fuerza con que los lanzan en la mesa, y ya sepan sacar el número tres, ya adivinar con viva penetración el lado que se ha de evitar y el que se les demanda; que discurran, si juegan al ajedrez, y comprendan que un peón cae ante dos enemigos; que el rey, cuando pelea sin ayuda de la reina, se expone a caer prisionero, y que el contrario a menudo tiene que volver sobre sus pasos. Si diviertes las horas jugando a la pelota con ancha raqueta, no toques más que la que debes lanzar. Hay otro juego que divide una superficie en tantos cuadritos como meses tiene el año; sobre la pequeña mesa se ponen tres piedras en cada uno de sus lados, y gana quien los coloca en la misma línea. Aprende estos juegos tan entretenidos; es de mal gusto que una joven los desconozca, y muchas veces jugando suele nacer el amor. No requiere gran talento el aprenderlos a la perfección; más difícil es al jugador aparecer dueño de sí mismo. A veces por falta de prudencia la pasión nos arrebata, y un descuido cualquiera deja ver nuestro carácter al desnudo. Aflora la ira, siempre aborrecible, el ansia de ganancia suscita cuestiones y produce quejas amargas, se apostrofan los contendientes unos a otros, el aire resuena con los clamores, y cada cual invoca en su favor a los dioses irritados, piérdese la confianza entre los que juegan y piden que se cambien los tableros; hasta muchas veces noté que las lágrimas humedecían sus mejillas. Que Júpiter preserve de tales torpezas a la que solicita parecer agradable.

Estos son los juegos que os permite la debilidad de vuestro sexo; los hombres se ejercitan en otros más esforzados, como el de la pelota, la jabalina, el disco, las armas y el manejo de la rienda que obliga a caracolear al caballo. No se os admite cabida en el campo de Marte, ni acudís a nadar en las aguas heladas de la fuente Virginal o las plácidas ondas del Tíber; en cambio podéis, y os conviene, pasear a la sombra del pórtico de Pompeyo, así que los ardientes corceles del Sol llegan al signo de la Virgen, visitar el suntuoso palacio consagrado a Febo, que ganó sus laureles sumergiendo en el abismo las naves egipcíacas, y los monumentos que alzaron la esposa y la hermana de Augusto con su yerno ceñido por la corona naval. Visitad también los altares donde humea el incienso en honor de la vaca de Menfis* y los tres teatros ocupando los sitios más visibles. Acudid a la arena del circo, húmeda todavía con la tibia sangre, y fijaos en la ardiente rueda que pasa al ras de la meta.

Lo oculto es ignorado, y nadie desea lo que no ve. ¿Qué partido sacarás de tu belleza sin nadie la ve? Aunque superes en el canto a Tamiris y Amebea, no recibirás el aplauso tu lira desconocida. Si Apeles, el de Cos, no hubiese pintado a Venus, aún permanecería ésta sepultada en el fondo de las aguas. Los poetas sagrados, ¿qué piden a los dioses sino la fama? Este es el galardón que esperan de sus trabajos. En otros días los vates eran amados de héroes y reyes, y los antiguos coros obtuvieron grandes recompensas: el título de poeta infundía veneración como el de la majestad, y con el honor se le prodigaban abundantes riquezas. Ennio, nacido en los montes de Calabria, mereció juntar

---

* Isis.

sus cenizas a las del gran Escipión; mas ahora las coronas de hiedra yacen sin honor y los frutos de las vigilias laboriosas de las musas se desprecian como productos de la holgazanería. A pesar de ello, aspiramos con tesón a la fama. ¿Quién conocería a Homero si permaneciese oculta la Ilíada, su obra inmortal? ¿Quién tendría noticias de Dánae si, siempre encerrada, hubiera envejecido encerrada en la torre?

Jóvenes hermosas, os será útil de vez en cuando mezclaros con la turba y dirigir los inciertos pasos lejos de vuestras casas. El lobo asedia muchas ovejas para capturar a una, y el ave de Júpiter persigue a muchos pájaros; así la mujer hermosa ofrézcase a las miradas de la gente; entre tantos no dejará de encontrar uno a quien seducir. Véasela en todas partes anhelando agradar y ponga los cinco sentidos en aquello que contribuya al realce de sus prendas. Por doquiera reina el azar; ten siempre dispuesto el anzuelo, y el pez acudirá a morderlo donde menos te figures. Mil veces los perros olfatean en vano los escondrijos de la selva, y el ciervo viene a caer en la trampa es sin que ninguno lo acose. ¿Quién menos que Andrómeda, sujeta a una roca, podía esperar que sus lágrimas moviesen la compasión de nadie? Tampoco es raro en el funeral de un esposo encontrar el sucesor, y entonces nada sienta a la mujer como el caminar con el cabello suelto y no contener las lágrimas; pero evite más que a la peste a esos mozos que se pagan de su gallardía y elegancia y temen descomponer el artificio de sus cabezas. Lo que te dicen ya lo han dicho a otras mil, y sin rumbo fijo corren vagabundos de acá para allá. ¿Qué hará la mujer con un mozalbete más afeminado que ella, y que acaso sostenga tratos con mayor número de amantes? Apenas me creeréis, y debéis creerme. Troya seguiría en pie si hubiese aprovechado los consejos de su rey Príamo. Algunos se insinúan con los agasajos de un falso rendimiento, y por tales medios aspiran a ganancias vergonzosas. No os seduzca su cabellera perfumada de líquido nardo, ni el estrecho ceñidor que sujeta los pliegues de su túnica, ni la toga de hilo fino, ni la multitud de anillos que casi les cubren los dedos. Acaso el más elegante de éstos sea un ladrón que arde en el deseo de apoderarse de vuestros ricos vestidos. "Devuélveme lo mío", gritan a todas horas las muchachas despojadas, y el foro resuena en repetidas exclamaciones: "Devuélveme lo mío".

Desde sus templos rutilantes de oro, Venus y las diosas de la vía Appia oyen impasibles tales querellas. Entre estos sujetos hay algunos de fama tan vil que la mujer engañada por ellos merece entrar a la parte de su oprobio. Aprended de las lamentaciones ajenas a temer vuestro daño, y no abráis nunca la puerta a un falaz seductor. Hijas de Cécrope*, no fiéis en los juramentos de Teseo; lo que hizo antes, lo hará mañana, poniendo a los dioses por testigos de su perjurio. Y tú, Demofón, que heredaste la perfidia de Teseo, ¿qué confianza mereces después de haber defraudado a Filis? Si os dan buenas promesas, pagad en la misma moneda; si las cumplen, no rehuséis vuestros favores. Sería capaz de apagar el fuego siempre encendido de Vesta, robar los objetos sagrados en el templo de la hija de Inaco** y brindar a su esposo el acónito mezclado en la infusión de cicuta, la que después de recibir regalos del amante le niega la satisfacción de Venus.

Mas he ido harto lejos; musa, refrena los corceles y evita que en su impetuosidad se desboquen. Si tu amante sondea el vado con las frases que escribió en las tablillas

* Es decir, atenienses.

** Ío, luego identificada con Isis.

de abeto, encarga a una cauta sirvienta recibir su mensaje; reflexiona al leerlas, y averigua de su propia confesión si es fingida o nace de un alma realmente enamorada. Contéstale después de una breve espera: el retraso, como no se prolongue mucho, aguijonea al amor. Ni te muestres demasiado asequible al que te solicita ni te niegues a sus pretensiones con excesiva dureza; condúcete de modo que dude y espere al mismo tiempo, y a cada repulsa crezcan las esperanzas y el temor disminuya. Redacta las contestaciones en estilo sencillo y natural: el lenguaje corriente es el que mejor impresiona. ¡Cuántas veces una carta bien escrita produjo el incendio de un corazón vacilante y, al contrario, un lenguaje bárbaro perjudicó el influjo de la beldad! Mas puesto que renuncian vuestras frentes al honor de las sagradas cintas, y a toda costa os proponéis engañar a vuestros maridos, entregad las tablillas a la criada o al siervo más redomado, y no confiéis tan valiosas prendas a un amante nuevo. Yo he visto mujeres, pálidas de terror por tal descuido, pasar la mísera vida en continua esclavitud. Es pérfido de veras el que se reserva pruebas semejantes, pero tiene en su poder armas tan terribles como los rayos del Etna. En mi sentir, debe devolverse el fraude con el fraude, y las leyes nos permiten ofender a los que nos acometen armados. Procurad que vuestra mano se habitúe a variar el tipo de letra. ¡Ah!, perezcan los traidores que me obligan a tales consejos. No es prudente responder en las tablillas sino después de borrar los signos anteriores, por que la escritura no denuncie dos manos distintas. Las misivas al amante han de parecer dirigidas a una amiga, y en sus frases, el pronombre él debe sustituirse por ella.

Ya es hora de renunciar a cosas menudas; tratemos asuntos de mayor importancia, desplegando al viento todas las velas. El refrenar las violencias del carácter favorece la belleza del rostro; ingenua paz conviene a los hombres, la ira brutal a las fieras. La ira deforma los rasgos del semblante, hincha las venas de sangre y enciende los ojos con las siniestras miradas de las Gorgonas.* "¡Lejos de mí, flauta; no te estimo en tanto!", dijo Palas, viendo en los cristales del río sus mejillas desfiguradas. Vosotras, si en los arrebatos de la furia os miráis al espejo, apenas habrá quien reconozca su propia cara. Tampoco la hagáis antipática con humos de soberbia; el amor se alimenta de dulcísimas miradas. Creed en mi experiencia: el desdén orgulloso es aborrecible, y un aspecto altanero lleva consigo las semillas del odio. Mirad al que os contempla, sonreíd afectuosas al que se sonríe, y a sus gestos responded con señales de inteligencia; así, tras los preludios, el niño famoso renuncia a los dardos inocentes, y prueba las flechas más agudas de su aljaba.

También nos resultan odiosas las tristes. Ame Ayax en hora buena a Tecmesa; nosotros, turba regocijada, nos dejamos vencer por mujeres de genio alegre. Nunca hubiera yo pedido a Andrómaca ni a Tecmesa que una y otra me dispensasen su íntima amistad, y hasta me resistiría a creer, si los hijos no atestiguasen lo contrario, que se ofrecieron en el tálamo a sus respectivos esposos. La compañera triste de Ayax, ¿pudo decirla nunca "luz de mi vida", ni esas frases que tanto nos seducen? ¿Quién me impedirá aplicar el ejemplo de las grandes a las cosas menudas, y compararlas a las disposiciones de un hábil caudillo? El jefe experto encomienda a un oficial el mando de cien infantes, a otro un escuadrón de caballos, al tercero la defensa de las águilas; vosotras del mismo modo consi-

* Esteno, Euríale y Medusa; su mirada petrificaba a quien la recibía.

derad para qué sirve cada uno de nosotros, y poned a cada cual en su lugar. Pedid al rico valiosos presentes y no rechacéis al jurisconsulto que con su elocuencia defiende vuestra causa. Los que componemos versos, solamente versos podemos enviar; pero sabemos amar como ninguno y cubrimos de gloria el nombre de la que supo conquistarlos. Grande es la fama de Némesis* y no menor la de Cintia;** a Lícoris*** se la conoce desde el occidente a las regiones de la Aurora, y son muchos los que desean saber quién se esconde bajo el seudónimo de Corina.**** Además, la perfidia es aborrecida por los hijos de Apolo, y el arte que cultivan dulcifica sus costumbres. No nos dejamos sobornar por la ambición o la sórdida codicia y, amantes del reposo y la sombra, despreciamos los pleitos del foro. Nos enamoramos fácilmente, nos encendemos con el fuego más vivo y sabemos amar con sobra de buena fe: la dulzura del arte suaviza el temperamento rudo, y nuestros hábitos conforman con la inclinación al estudio. Muchachas, sed complacientes con los vates de Aonia: el numen les inspira, las Musas les conceden su favor, un dios vive en ellos, traban relaciones con el cielo y de la bóveda celeste desciende sobre sus cabezas el genio creador. Es un crimen exigir el pago del placer a los doctos vates; pero, ¡desdichado de mí!, un crimen que ninguna teme perpetrar.

Emplead el disimulo y disimulad por algún tiempo vuestra codicia; si no, el amante reciente escapará pronto a la vista de las redes: el hábil jinete no llevará de igual modo las riendas del caballo que apenas conoce la brida que la

* Cantada por Tibulo.
** Amada de Propercio.
*** Amada de Galo.
**** Amada de Ovidio.

del caballo acostumbrado a ella. No te has de conducir de igual modo para dominar a un mancebo en la flor de la juventud que a un hombre cuya razón han madurado los años. Aquél, campeón bisoño que ejercita sus primeras armas en la milicia del amor, y presa recientemente caída en los lazos de tu lecho, no debe conocer otra que tú, ni alejarse un momento de ti; es una débil planta que se ha de conservar con alta cerca; teme a las rivales, vencerás mientras seas la única: el imperio de Venus y el de los reyes no permite división; éste, como militar viejo, amará sin despeñarse, usará de cautela y soportará prudente lo que un novicio no sabe soportar. No romperá ni intentará incendiar la puerta, ni te clavará las uñas en las tiernas mejillas, ni desgarrará su túnica ni la tuya, ni serán motivo de llanto los cabellos que te arranque: tales excesos son propios de un jovenzuelo en el arrebato del amor y la edad. El hombre ya hecho soporta resignado los golpes crueles, arde en fuego más lento, como la leña húmeda todavía o el ramaje recién cortado en la selva del monte; su amor es más seguro; el del otro, más vivo y pasajero, coge con presteza el fruto que se te escapa de la mano.

Que todo se rinda de golpe, que las puertas se abran al enemigo y se crea seguro en medio de la traición; lo que se alcanza tan fácilmente no alienta la perseverancia, y de vez en cuando precisa mezclar el desaire a la condescendencia; que no traspase los umbrales, que llame cruel a la puerta, y ya ruegue sumiso, ya amenace colérico. No soportamos lo empalagoso y renovamos el apetito con jugos amargos. En más de una ocasión perdió a la barca el tiempo favorable; por esta razón no aman los maridos a sus mujeres, porque disponen de ellas como les place. Cierra la puerta, y que el encargado de vigilarla me diga con mal gesto:

"No se puede pasar"; la prohibición exaltará mis deseos. Arrojad, ya es tiempo, las armas embotadas y sustituidlas por otras más agudas; aunque temo se vuelvan contra mí los dardos de que os he provisto. Cuando caiga en la red el amante novel, será de gran efecto que al principio se imagine único poseedor de tu lecho, mas luego mortifícale con un rival que le robe parte de su conquista: la pasión languidece si le faltan estos estímulos. El potro generoso vuela por la arena del circo viendo los otros que se le adelantan o le siguen detrás.

La infidelidad reanima el fuego extinguido; yo mismo, lo confieso, no sé amar si no me ofenden; pero no hay que poner al descubierto la causa de su dolor; importa que sospeche más de lo que realmente sepa; exacérbalo con la enfadosa vigilancia de un supuesto guardián o la enojosa presencia de un esposo severo; la voluptuosidad que se goza sin riesgo tiene pocos incentivos; finge temor aun siendo más libre que Tais, y aunque puedas abrirle de par en par las puertas, dile que entre por la ventana; lea en tu semblante indicios de terror, y que una astuta sierva entre azorada y grite: "Estamos perdidos", y esconde en cualquier sitio a tu joven tembloroso. En compensación, permítele que te acompañe algunas noches libre de miedos, no vaya a creer que no valen los sustos que le cuestan.

Quisiera pasar por alto las estratagemas que burlan a un marido astuto o un guardián incorruptible. Casadas, temed a vuestros esposos, que tienen el derecho de vigilar vuestros pasos: es lo justo, y así lo demandan las leyes, la equidad y la honestidad; mas ¿quién soporta ver sometida a esta vigilancia la liberta que ha poco redimió la varilla del pretor? Ven a mi escuela, y aprenderás el arte de los engaños. Aunque te vigilen tantos como ojos tenía Argos,* si te empeñas con decisión te reirás de todos. ¿Podrá ningún guardián impedirte que escribas tus billetes en las horas que dedicas al baño y que la confidenta los lleve ocultos en el seno cubierto por un chal o que los sustraigas a la vista metidos en el calzado o bajo la planta del pie? Y dejemos que se descubran tus ardices; la misma confidenta te prestará sus espaldas a guisa de tablillas, y en la piel de su cuerpo volverá las respuestas. Los signos que se trazan con leche recién ordeñada burlan la perspicacia de un lince, y se leen claramente echándoles un polvillo de carbón. El mismo efecto obtendrás con la punta de la caña del jugoso lino, y en las tablillas, al parecer intactas, quedarán grabados anotaciones ocultas.

Gran cuidado demostró Acrisio en vigilar a su hija Dánae; ésta, sin embargo, con su falta le hizo pronto abuelo. ¿Qué conseguirá impedir un guardián cuando hay en Roma tantos teatros, cuando la mujer puede acudir, si lo desea, a las carreras del circo o ir a las fiestas celebradas en honor de Isis, donde no se permite la entrada a los vigilantes de sus pasos, porque la diosa Boxna excluye de su templo a los varones, excepto de aquellos que le place admitir; cuando los siervos quedan a la guarda de las ropas de la señora, a la puerta del baño, y dentro se esconde el amante libre y seguro? Siempre que ella quiera encontrará una amiga que se finja enferma y le ceda por complacerla su lecho. El nombre de adúltera que damos a una llave falsa indica bien claro su uso, y la puerta no es el único camino de acceso a la casa que se solicita. Se burla la vigilancia del más taimado haciéndole beber en demasía,

* Según las versiones, tenía cien, cincuenta de los cuales simpre permanecían abiertos.

aunque sea el jugo de la vid cosechada en tierra española; también hay brebajes que lo sumen en un profundo sueño y oscurecen sus ojos con la negra noche del Leteo. La confidenta, de acuerdo contigo, puede entretener al odioso Cerbero con sus caricias, y ella a la vez regodearse largas horas. ¿Mas a qué andar con rodeos y consejos nimios si con cualquier regalo se consigue comprar su aquiescencia? Los regalos, no lo dudes, cautivan a los hombres y los dioses, y el mismo Júpiter se aplaca con las ofrendas. ¿Qué hará el sabio cuando el ignorante se alegra con las dádivas? El mismo marido enmudecerá desde el momento que las reciba; pero basta que compres el silencio una vez al año, pues el guardián se dispone a alargar a todas horas la mano que alargó la primera vez.

Me lamentaba, bien lo recuerdo, de que no se pudiese fiar nadie de los amigos, y este reproche no alcanza solamente a los hombres. Si eres crédula con exceso, gozarán otras los placeres que se te deben y la liebre que levantaste será para otras. Esa amiga que solícita te proporciona las citas y te cede su lecho, en más de una ocasión hizo suyo a tu amante. No te sirvas tampoco de criada muy hermosa, porque algunas veces ésta sustituyó conmigo el lugar de su señora. ¿Adónde me despeña la insensatez? ¿Por qué descubro el pecho a los dardos del enemigo y me hago traición a mí mismo? No enseña el ave al cazador lugar donde encontrarla, ni la cierva a la traílla de perros cómo la han de perseguir; mas si resultan útiles, continuaré explicando mis lecciones con fidelidad, aunque en mi daño suministre las armas a las mujeres de Lemnos. Arreglaos de manera, la cosa es fácil, que nos creamos amados por vosotras: se cree con facilidad lo que se desea ardientemente. Trastornad al doncel con vuestras miradas, suspirad profundamente y reprobadle el haber venido tan tarde; acudid a las lágrimas por los fingidos celos de una rival, y señaladle la cara con vuestras uñas; él, compadeciendo tanto dolor, exclamará persuadido: "Esta mujer está loca por mí". Sobre todo, si tiene lindas facciones y se lo advierte el espejo, creerá poder enamorar a las mismas diosas.

Seas quien seas, que la ofuscación no te lleve muy lejos ni llegues a perder la cabeza oyendo el nombre de una rival. No creas con ligereza: Procris te ofrece un lastimoso ejemplo de lo perjudicial que resulta el creer sin pensar. Cerca de los collados que matizan de púrpura las flores del Himeto brota una fuente sagrada cuyas márgenes están cubiertas de hierba; los árboles y arbustos, sin formar bosque, defienden del sol, y esparcen sus perfumes el laurel, el romero y el oscuro mirto; crecen allí los bojes recios, las frágiles retamas, el humilde cantueso y el pino arrogante, y las flexibles ramas con las altas hierbas se balancean al impulso blando del céfiro y las auras saludables. Allí descansaba el joven Céfalo, lejos de los criados y perros, y extendiendo en el suelo los miembros cansados, solía decir: "Aura voladora, ven, calma mis ardores y refresca mi ardiente seno". Un malintencionado que oyó sus inocentes palabras, corre y advierte a la suspicaz esposa, la cual, tomando el nombre de Aura por el de una concubina, se desploma abrumada al peso de tan súbito dolor. Palidece como después de la vendimia las hojas tardías de la vid que el cercano invierno destruye, o como los maduros membrillos que doblan las ramas que los sustentan, o los frutos del cornejo aún no sazonados para que se puedan comer. Así que recobra el sentido, rompe la túnica que viste su cuerpo y se ensangrienta la cara con las uñas. Inmediatamente, enfurecida, con los cabellos sueltos, corre a través del campo, cual una bacante que agita el tirso en su delirio, y no bien llega al lugar indicado, deja a las compañeras en el valle y entra decidida en la selva evitando que se sienta el rumor de sus pasos. ¿Cuáles eran, Procris, tus designios cuando así te ocultabas? Insensata, ¿qué volcán estallaba en tu corazón aturdido? Sin duda temías que iba a llegar esa Aura que te mortificaba y ver con tus propios ojos la traición de que eras víctima. Ya quisieras no haber emprendido tal viaje ni sorprender a los culpables; ya te confirmas en tu resolución, y los celos te anegan en cruel incertidumbre. El lugar, el nombre y el delator incitan tu crueldad, por esa inclinación de los amantes a creer siempre lo que temen, y así que descubre en la hierba las huellas del cuerpo que la había aplastado, siente acelerarse los trémulos latidos de su corazón.

Ya el sol en la mitad de su carrera acortaba las tenues sombras, y partía por igual la distancia del Oriente al Ocaso, cuando he aquí que Céfalo, el hijo de Cileno,* regresa a descansar en la selva y apaga la sed que le devora en la fuente vecina. Procris, oculta y llena de ansiedad, le ve tenderse en la hierba y oye que llama de nuevo al Aura y los blandos Céfiros: entonces se da cuenta la desdichada del malentendido a que la indujo aquel nombre, recobra el juicio y su faz los perdidos colores. Álzase ligera, con el movimiento del cuerpo agita el hojarasca y corre a precipitarse en los brazos del esposo; y éste, creyendo que se le acerca una fiera, coge con presteza el arco y toma en la diestra el dardo fatal. ¡Infeliz!, ¿qué haces? No es una fiera, detente; ¡oh, qué desgracia!, tu esposa cae muerta a tus manos: "¡Ay de mí! —grita la mísera—, has atravesado el corazón de tu amante en el sitio profundo siempre herido por Céfalo. Muero antes de mi hora, mas sin afrenta de

* Mercurio.

ningún rival, y esto hará que la tierra pese más leve sobre mi cuerpo: ya mi alma vuela en las alas del Aura que me engañó con su nombre; ven, y que tu querida mano cierre mis ojos." Él, aterrado, recoge en los brazos el moribundo cuerpo de Procris y con sus lágrimas riega la mortal herida, por donde escapa el alma, víctima de funesta imprudencia, y en los labios recibe su último suspiro.

Pero volvamos a nuestro tema; tengo que explicar sin rodeos, a fin de que mi fatigada nave toque puerto. Sin duda esperáis que os conduzca a la sala del festín, y deseáis oír todavía mis consejos. Ves allí tarde y no hagas ostentación de tus gracias hasta que se enciendan las antorchas: el esperar favorece a Venus y el retraso es una gran seducción. Si eres fea, parecerás hermosa a los que han bebido y la noche velará en las sombras tus defectos. Toma las comidas con la punta de los dedos, la distinción en comer tiene gran precio, y cuida que tu mano sucia imprima señales de suciedad en tu boca. No comas nada antes de ir al festín, y en la mesa modera tu apetito, y aun come algo menos de lo que te pida la gana. Si el hijo de Príamo* viera a Helena convertida en una glotona, la hubiese odiado, diciendo: "¡Qué rapto tan estúpido el mío!" Mejor sienta a una joven el exceso en la bebida; Baco y el hijo de Venus fraternizan amigablemente; pero no bebas más de lo que soporte tu cabeza, y no se enturbien tus razones, ni vacilen tus pies, ni veas dobles los objetos. Repugna la mujer saturada de licor; en tal situación merece ser la presa del primero que llega; y de sobremesa tampoco se abandonará sin peligro al sueño, que es muy propicio a los ultrajes hechos al pudor.

---

* Paris.

Me da apuro proseguir mis enseñanzas, mas la hermosa Diones me alienta y dice: "Eso que te avergüenza es lo principal de mi culto". Cada cual se conozca bien a sí misma y preste a su cuerpo diversas actitudes: no conviene a todas la misma postura. La que destaque por su rostro, muéstralas en posición supina, y la que tenga hermosa la espalda, ofrézcala a los ojos del amante. Milanio cargaba sobre sus hombros las piernas de Atalanta;* si las tuyas son tan hermosas, lúcelas del mismo modo. La mujer pequeña cabalgue sobre los hombros de su amigo. Andrómaca, que era altísima, nunca se puso sobre los de su esposo Héctor. La que tenga el talle largo, oprima con las rodillas el tálamo y deje caer un poco la cabeza; si sus músculos incitan con la frescura juvenil y sus pechos carecen de máculas, que el amante en pie la vea ligeramente inclinada en el lecho. No creas vergonzoso desatar, como una bacante de Tesalia, los cabellos y dejarlos caer sobre los hombros, y si Lúcina** señaló tu vientre con las arrugas, pelea como el ágil parto, volviendo las espaldas. Venus se huelga de cien maneras distintas; la más sencilla y de menos esfuerzo es acostarse tendida a medias sobre el costado derecho.

Nunca los trípodes de Febo ni los oráculos de Júpiter Amnón os responderán las verdades que os dicta mi musa. Si merece alguna confianza el arte de que hice larga experiencia, creed que mis cantos nunca os mentirán. Siéntase la mujer abrasada hasta la médula de los huesos, y el goce se dividirá por igual entre los dos amantes; que no cesen las palabras dulces, los suaves murmullos y los deseos lascivos que estimulan el vigor en tan alegres combates. Y tú, a quien la naturaleza negó la sensualidad de

* Atalanta fue vencida en la carrera por Milanio, que luego se casó con ella.
** Juno, cuando asiste a las parturientas.

los placeres de Venus, finge sus gratos deliquios con falsas palabras. Infeliz de aquella que tiene insensible el órgano en que deben gozar lo mismo la hembra que el varón, y cuando finjas, procura que tus movimientos y el brillo de tus ojos ayuden al engaño, y lo acrediten de verdadero frenesí, y que la voz y la respiración entrecortada solivianten el apetito. ¡Oh vergüenza!, la fuente del placer oculta misteriosos arcanos. La que pida un regalo a su amante después de los placeres de Venus es que no quiere que sus ruegos tengan fuerza alguna. No dejes entrar la luz por las ventanas abiertas: hay cosas en tu cuerpo que parecen mejor vistas entre sombras. Aquí finalizan mis juegos; ya es hora de soltar los cisnes sujetos a la lanza de mi carro, y que las lindas muchachas, como antes lo hicieron los jóvenes, graben en sus trofeos: "Nason fue nuestro maestro".

OVIDIO

EL REMEDIO DEL AMOR

Cuando el Amor hubo leído el título de esta obra, dijo: "Es la guerra, lo veo, es la guerra con lo que se me amenaza".

¡Oh Cupido!, no acuses de semejante maldad al poeta que, sumiso a tus órdenes, enarboló en cien ocasiones las banderas que le habías confiado. Yo no soy aquel hijo de Tideo* cuya lanza hirió a tu madre** cuando los caballos de Marte la arrebatan a los etéreos cielos. Otros jóvenes no se abrasan a todas horas en tu fuego; mas yo amé siempre, y si me preguntas mi actual ocupación, te diré que estoy amando. Hay más: enseñé el arte de obtener tus mercedes y sometí al dictado de la razón lo que antes fue un ciega pasión. No te soy desleal, amado niño; no desautorizo mis lecciones ni mi nueva Musa obstaculiza su antigua labor.*** El amante recompensado, lleno de felicidad, que goce y aproveche el viento favorable a su navegación; mas el que soporta a regañadientes las riendas de su indigna amante, busque la salud acogiéndose a las reglas que prescribo. ¿Por qué un amante se echa un lazo al cuello y cuelga de alta viga la triste carga de su cuerpo, o atraviesa su pecho con el hierro homicida? Tú, amigo de la paz, miras las muertes con horror. El que ha de perecer víctima de pasión contrariada, si no se sobrepone a ella, cese de amar,

* Diomedes, hijo de Tideo y Deipile. Homero lo representa como favorito de la diosa Palas, con cuya ayuda hiere a Marte y aún a la misma Venus, quienes habían acudido en auxilio de Eneas, el héroe troyano.

** Venus.

*** Se refiere, por supuesto, a *El arte de amar*.

y así no habrás ocasionado a nadie la perdición. Eres un niño, y nada te es más propicio que el jugar; juega, pues, ya que las diversiones son propias de tus años.

Podrías lanzarte a la guerra armado de dardos agudos, pero tus armas jamás se tiñen de sangre mortal. Marte, tu padre, pelee con la espada o la aguda lanza, y vuelva del combate vencedor y ensangrentado por múltiples muertes. Tú cultivas las artes poco peligrosas de Venus, por cuyos dardos ninguna madre se vio privada de su hijo. Haz que caiga una puerta hecha pedazos al rigor de las contiendas nocturnas, y que otra se adorne con multitud de guirnaldas. Encubre las citas secretas de los jóvenes y de tímidas mozas, y permite que con cualquier estratagema engañen a un marido celoso. Que el enamorado dirija ya tiernas súplicas, ya violentos improperios, y cante, si se le niega la entrada, en tono quejumbroso. Te bastan las lágrimas que obligas a verter, sin que te reprochen ninguna muerte, y tu antorcha no merece atizar el horror de las piras funerarias. Así dije; el Amor batió sus alas cuajadas de oro y piedras preciosas, y me respondió: "Lleva a término la obra comenzada".

Acudid a mis lecciones, jóvenes burlados que encontrasteis en el amor tristísimas decepciones. Yo os enseñaré a sanar de vuestras dolencias, como os enseñé a amar, y la misma mano que os causó la herida os dará la salud. La misma tierra nutre hierbas salutíferas y nocivas, y a menudo la ortiga crece junto a la rosa. La lanza de Palión* sanó la herida que ella misma infirió al hijo de Hércules.**Cuanto advierto a los mancebos, creed que lo

* La lanza mágica de Aquiles, que podía curar las heridas que había producido.

** Télefo, hijo de Hércules y de Augea.

digo también a las muchachas; doy armas a ambos bandos. Si entre mis preceptos se desliza alguno que no convenga a vuestras necesidades de ser, a lo menos os servirá de provechoso ejemplo. El fin que me propongo es de suma utilidad: extinguir las llamas crueles y libertar los corazones que gimen en vergonzosa esclavitud. Filis* hubiese vivido a ser yo su maestro, y si descendió nueve veces a orillas del mar, hubiera vuelto otras tantas, o más todavía; Dido,** a punto de morir, no habría visto desde lo alto de su palacio cómo la flota de Troya largaba las velas al viento, ni la desesperación hubiese armado contra el fruto de sus entrañas a la madre cruel que se vengó de su esposo en la sangre de los comunes hijos. Gracias a mi arte, Tereo,*** tan apasionado por Filomena, no habría por su crimen merecido transformarse en ave. Sea mi alumna Pasifae**** y dejará de amar al toro; séalo Fedra,***** y ahogará su pasión incestuosa. Entrégame a Paris, y Menelao será dueño de Helena, y Pérgamo no caerá vencida por la hueste de los dánaos.****** Si la infame Escila alcanzase a leer mis libros, ¡oh Niso!, no despojará tu cabeza de los cabellos de púrpura que la ornaban.******* Mortales, oíd mis advertencias; siendo yo el piloto, la barca llegará incólume al puerto. Debisteis leer a Nasón cuando aprendisteis a amar, y al mismo Nasón debéis leer ahora. Como defensor

---

* Hija de Sitón, abandonada por Demofón.

** Reina de Cartago que se enamoró de Eneas.

*** Tereo sedujo a Filomena, y en venganza, ésta, junto con la mujer de éste (Procne), mataron al hijo de Teseo y se lo dieron a comer. Cuando Tereo lo supo mató a las dos y los tres fueron convertidos en aves.

**** Hija del Sol y amante de Minos. Engendró al Minotauro.

***** Se enamoró de Hipólito, su hijastro.

****** Los griegos, que marcharon contra Troya para rescatar a Helena, mujer de Menelao, raptada por Paris.

******* Niso era pelirrojo. Su pelo salvaguardaba a la ciudad. Su hija Escila, enamorada del jefe enemigo, le cortó la cabellera.

público, quiero libertar al que gime en la esclavitud; cada cual secunde los esfuerzos que hago por su liberación.

¡Oh Febo, inventor de la poesía y la medicina!, yo te invoco al principio de mi empresa; ciñe mis sienes de laureles, ven y socorre al que escribe como poeta y como médico, pues las ambas ocupaciones están bajo tu divina tutela.

Mientras estés aún a tiempo y no hayas entregado del todo tu corazón, entonces será el momento de detener los primeros pasos; destruye los gérmenes recientes de la súbita enfermedad, y que desde el principio de la carrera tu caballo se resista a avanzar. Todo cobra fuerzas con el tiempo: el tiempo madura los racimos y convierte la hierba en fuertes espigas; el árbol que ofrece a los paseantes opaca sombra, al tiempo que se plantó fue una débil vara que se podía arrancar de la tierra con las manos; ahora ha cobrado fuerzas y resiste con sus vigorosas raíces. Que un examen rápido y certero te dé a conocer el objeto de tu amor, si quieres sacudir el yugo que se apresta a cargar sobre tu cuello. Rebélate desde el primer instante; la medicina no surte efecto si el mal se ha fortalecido con la negligencia. Apresúrate y no aplaces día tras día la curación; de no emprenderla hoy, mañana te será más difícil. El amor es fecundo en pretextos y encuentra su alimento en demorar las resoluciones.

El día más cercano es el mejor para romper sus lazos. Verás pocos ríos caudalosos en la proximidad de sus fuentes, y muchos que engruesan con los aportes de cien arroyos. Si hubieras reflexionado sobre la enormidad de tu crimen, ¡oh Mirra!,* no ocultaría tu rostro la vergüenza bajo la corteza de un árbol. Yo mismo he visto heridas fá-

* Hija de Ciniro, se enamoró de su padre, que quiso matarla. Ella huyó y fue metamorfoseada en el árbol de la mirra.

ciles de cicatrizar al principio, que llegaron a ser incurables por la dilación y el abandono. Nos gusta coger las flores de Venus y decimos de continuo: "Mañana aún será tiempo".

Pero entretanto las llamas calladas nos queman la sangre y el árbol maléfico echa hondas raíces. Si pasa el momento de aplicar el remedio, y el amor ya antiguo asienta en tu débil corazón, el caso ofrecerá enormes dificultades; con todo, no abandonaré al enfermo porque me llame demasiado tarde. El héroe hijo de Peán* debió cortarse con enérgica mano la parte herida de su cuerpo; no obstante, se dice que años después curó y con su valor puso término a la guerra de Troya. Yo que ha poco te aconsejaba atacar presto la enfermedad naciente, ahora más reposado te brindo remedios más lentos. Intenta, si puedes, extinguir el incendio al producirse las llamas o así que, cansado, disminuya su propia violencia. Cuando veas a un hombre enloquecer de furor, deja pasar su arrebato, difícil de abordar en el primer ímpetu de la cólera. Es un temerario el que, pudiendo descender en línea oblicua, se empeña en nadar contra la bravía corriente. El espíritu impetuoso y rebelde a los preceptos del arte rechaza y mira con odio a quien mejor le aconseja: sólo será fácil curarle cuando se deje tocar las heridas y se disponga a oír las voces de la razón. ¿Quién que no esté demente impedirá a una madre llorar en los funerales de su hijo? No es momento para inculcarle resignación. Después que vierta abundantes lágrimas y alivie el corazón atribulado será el momento de moderar su dolor con palabras de consuelo. La medicina es el arte de aprovechar el tiempo: el vino que se receta a su debido tiempo es saludable, y dañoso de forma extemporaria. Si no atacas los defectos en la ocasión propicia, sólo conse-

* Filoctete, herido en un pie.

guirás irritarlos y encenderlos mucho más. Apenas te sientas necesitado de los recursos de mi arte, escucha mis consejos, rehuye el ocio que favorece al amor, lo sustenta una vez nacido y es la causa y el alimento de mal tan delicioso. Si vences el ocio quebrarás el arco de Cupido, y blanco de tu desprecio, caerán por el suelo sus antorchas apagadas. Como el plátano ama el vino, el álamo las aguas, las cañas del pantano las tierras cenagosas, así Venus se complace en el ocio. ¿Quieres ahuyentar al amor? El amor odia el trabajo; ocupa las horas y estarás seguro. La pereza y el sueño no interrumpido durante largas horas, el juego de los dados y el exceso en el beber que trastorna la cabeza, sin producir hondas llagas, quebrantan las energías del espíritu, que falto de prevención se rinde a las asechanzas amorosas. Cupido es el compañero de los holgazanes y odia a los que trabajan.

Da a tu ociosidad cualquier ocupación que la entretenga; dedícate al foro, allí hay leyes, amigos que defender; frecuenta los sitios en que los candidatos se disputan las honores políticos o vuela a conquistar los laureles del sanguinario Marte, que tanto honran a la juventud, y los placeres te volverán pronto la espalda. Ahí tienes al parto que pelea huyendo, nueva ocasión de magníficos triunfos, que ya ve las armas del César resplandecer en sus propios campos. Vence simultáneamente las saetas de Cupido y las de los partos, y ofrece a los dioses tutelares de la patria un doble trofeo. No bien fue herida Venus por la lanza del rey de Etolia,* ordenó a su amante que se encargase de los cuidados de la guerra. Me preguntáis ¿por qué Egisto** incurrió en el adulterio? La razón es evidente:

* Diomedes, rey de Calidon (Etolia).
** El amante de Clitemnestra.

estaba ocioso, mientras los demás principes peleaban en guerra interminable frente a las murallas de Ilión, adonde la Grecia había llevado todas sus fuerzas. Si hubiese querido lanzarse a los peligros de la guerra, no tenía con quién sostenerla; si dedicarse al foro, en Argos se desconocían los procesos. Hizo lo que pudo a fin de entretener el tiempo y se dedicó al amor. Así se apodera de nosotros Cupido y así reina en los corazones.

También los campos y sus diferentes cultivos producen sumo deleite al espíritu, y las cuitas más graves ceden a tales ocupaciones. Doma los toros, los obliga a doblar la cerviz bajo la carga del arado, y con la aguda reja hiende el suelo endurecido; deposita en los abiertos surcos las semillas de Ceres, que el campo te pagará un día con creces; observa las ramas encorvadas con el peso de los frutos, tanto que el árbol apenas resiste las copiosas riquezas que ha producido; mira los arroyos cuál se deslizan con suave murmullo, y el rebaño de las ovejas que pace la fértil grama. Allí las cabras trepan por los montes, escalan las agudas rocas y presto ofrecerán las ubres llenas de leche a los cabritos; aquí el pastor modula una tonada con flauta de cañas desiguales y cerca descansan sus fieles compañeros, los perros guardianes del rebaño. Más lejos, en las profundas selvas, resuenan los mugidos de la vaca que llama al becerro extraviado. ¿Qué decir de las abejas dispersas por el humo que se les echa cuando les extrae la miel de las rebosantes colmenas? El otoño nos da sus frutos, el estío se embellece con las mieses, la primavera se ciñe de flores y el fuego del hogar atempera el invierno. Todos los años en época fija el vendimiador coge los maduros racimos, que se convierten en mosto bajo sus pies desnudos; en época señalada el gañán corta las hierbas, recoge los haces y con los dientes del rastrillo limpia de broza la pradera segada. Tú mismo puedes cultivar en el húmedo huerto y conducir allí las aguas apacibles del arroyo. ¿Ha llegado la sazón de injertar? Haz que la rama adopte otra distinta y el árbol se cubra de hojas que no son suyas. Así que estos placeres embargan la atención, el Amor pierde su fuerza y huye con débiles alas.

Si bien, dedícate a la caza. En mil ocasiones se entregó Venus a vergonzosa fuga, vencida por la hermana de Febo.* Ahora persigue la tímida liebre con el perro de sutil olfato, ahora tiende las redes en la maleza de los bosques, y espanta al ágil ciervo de mil maneras, y verás caer al jabalí herido por tus dardos; sin acordarte de las bellas, te entregarás por la noche al sueño que alivia las fatigas y darás a tus miembros un saludable reposo. Es ocupación más tranquila, pero muy entretenida, la de perseguir a los pájaros, caza de poca entidad, ya con las redes, ya con la pega, o la de ocultar bajo el cebo el corvo anzuelo, que por su daño se clava en la ávida boca del pez.

Con estos u otros medios debes engañar las horas, hasta que rompas las cadenas que te oprimen. Sobre todo huye, por fuertes que sean los vínculos que te encadenan, huye lejos y emprende largos viajes. Llorarás al solo recuerdo de la amiga que abandonas y tus pasos se detendrán a menudo en la mitad del camino; pero cuanto más esfuerzo te cueste la separación, pon mayor empeño en realizarla; insiste, y que tus pies rebeldes prosigan adelante. No temas las lluvias, ni la fiesta extranjera del sábado, o el funesto aniversario de la batalla de Alia;** no preguntes las millas que has recorrido, sino las que te faltan por recorrer, ni busques pretextos que te detengan en un lugar próximo;

* Diana.
** Día nefasto en que se prohibía toda actividad.

no cuentes los días, no vuelvas con frecuencia la mirada hacia Roma, huye sin descanso: gracias a la fuga, el parto vive aún seguro de sus enemigos. Alguien dirá que mis preceptos son duros, y confieso que lo son; mas ¿a qué remedios dolorosos no nos sometemos por recobrar la salud? Enfermo bebí muchas veces amargas pociones que me repugnaban, y con ganas de comer se me negaban la comida que pedía. Por sanar tu cuerpo resistirás el hierro y el fuego, o muerto de sed, no darás a tu boca seca ni una gota de agua; ¿y no tolerarás por salvar tu alma la dureza del remedio? Esta parte de nuestro ser tiene mucho más valor que la corporal. El principio de mi arte exige grandes sacrificios, mas sólo cuesta trabajo soportar los primeros momentos. Observa cómo el yugo oprime al toro uncido por vez primera y cómo duele al potro veloz la silla que nunca aguantó. Acaso dejas con pena el hogar paterno, sin embargo, lo dejarás, deseando en seguida volver a él, y no te llaman los lares de tus abuelos, sino el afecto hacia su amiga que encubre su flaqueza con pomposas palabras. Así que hayas partido, el campo, los compañeros de viaje y las sorpresas del camino proporcionarán mil solaces a tus penas. No creas que basta huir; prolonga la ausencia hasta que el fuego pierda toda su fuerza y no se oculte una brasa bajo las cenizas. Si te apresuras a volver antes de la completa curación, el Amor rebelde probará de nuevo en tu pecho sus crueles armas, y en vez de aprovecharte la ausencia te sentirás más febril, más ardoroso, y con tu alejamiento habrás agravado los males que padeces. Deja a otros la creencia de que son útiles las hierbas nocivas de Hemonia y los secretos de la magia: el recurso de los maleficios está desde hace mucho desacreditado. Mi inspiración en versos religiosos te brinda remedios inocentes. Por consejo mío no se evocarán las sombras del sepulcro, ni una vieja hechicera con sus infames cantos conseguirá que la tierra se entreabra, ni traspasara de unos campos a otros las doradas mieses, ni hará palidecer súbitamente el disco de Febo. Como de costumbre, el Tíber correrá a hundirse en las olas del Océano y la luna proseguirá su curso arrastrada por níveos corceles. Ningún pecho calmará sus zozobras con los encantamientos ni el Amor se dará a la fuga por la pestilencia del azufre encendido. Princesa de Colcos,* ¿de qué te sirvieron las plantas cogidas en la ribera del Fasis, cuando querías permanecer en la mansión de tus padres. ¿Qué te aprovecharon, Circe, las hierbas de Persea al impulsar un viento bonancible las naves de Narites.** Echaste mano de cien ardides para impedir la marcha del astuto huésped,*** mas no por eso dejó de huir a toda vela con la mayor seguridad. Todo lo intentaste para matar el fuego que te abrasaba, pero el amor reinó largo tiempo en el alma que pretendía rechazarlo. Pudiste mudar a los hombres en mil formas diferentes, no sustraerte a las leyes que dominaban tu corazón. Cuando ya se disponía a partir el rey de Ítaca, dícese que pretendiste detenerle con tales razones: "No te pido ahora lo que antes, bien lo recuerdo; sostenía mi esperanza que quieras ser mi esposa, y eso que me imaginaba digna de llamarme tuya, por ser una diosa y la hija del potente Febo; sólo te ruego que no apresures la partida, como merced te pido una demora; ¿qué menos pueden demandarse mis votos?

---

* Medea.

** Persea era la madre de Circe. Se refiere a los navíos de Ulises, en tanto que Narites era una montaña de Ítaca.

*** Es decir, Ulises.

¿Ves el mar alborotado? Teme su furia; dentro de poco el viento soplará más favorable a tus velas. ¿Qué causa te mueve a la fuga? Aquí no resurge una segunda Troya ni un nuevo Reso* llama al combate a sus compañeros. Aquí reinan el amor y la paz; ¡ay!, yo sola sufro crueles heridas y toda la tierra se someterá gustosa a tu dominio." Así habló ella; pero Ulises soltó las amarras y el viento que impelía las naves desvanece las inútiles quejas de Circe, que recurre a los medios acostumbrados sin atenuar la violencia de su pasión. Por consiguiente, tú que buscas de mi arte el alivio de tus males no tengas confianza en los sortilegios ni encantamientos.

Si una causa poderosa te obliga a permanecer en Roma, oye la conducta que en ella te aconsejo seguir. Alma grande la de aquel que rompió las cadenas que le sujetaban, poniendo así fin a su tormento. Si alguien revela tan supremo esfuerzo, yo me declaro su admirador, y digo que no necesita mis consejos; mas tú, que no aciertas a separarte del ídolo amado; tú, que quieres ser libre y no puedes, habrás de recibir mis lecciones.

Ten presentes a todas horas las infidelidades de tu aviesa amiga y no borres de tu memoria las pérdidas que te ocasiona. "Ella me ha quitado esto y lo otro, y no contenta de tales rapiñas, me ha forzado su avaricia poner en venta la casa de mis padres. ¡Qué juramentos me hizo la pérfida y cuántas veces los violó, y cuántas permitió que yaciese tendido ante su puerta! Ella ama a otro, le fastidian mis agasajos, y un siervo goza las noches que me son debidas." Padezcan todos tus sentidos el recuerdo de las injurias siempre vivas, que han de desarrollar los gérmenes del odio, y quiera el cielo que estuvieras elocuente al repro-

* Rey de Tracia, muerto por Diomedes y Ulises.

charle sus maldades; pero no, quéjate sólo, y la elocuencia sin pretensiones acudirá a tus labios.

En otro tiempo llegó a ser objeto de mi solicitud una joven cuyo carácter no se avenía con mi modo de ser; como Podalirio,* curaba mi enfermedad con mis propios remedios y, lo confieso, el médico era bastante torpe en la curación del enfermo, sólo pude reflexionar día tras día sobre los defectos de mi amiga, y continuando en el mismo tema logré recuperar la salud. "¡Qué feas tiene mi amiga las piernas!", exclamaba, y, a decir verdad, no eran tan despreciables. "¡Cuán poco hermosos sus brazos!", y realmente eran hermosísimos. "¡Qué corta de talle!", y no había tal. "¡Qué impertinente en sus continuas exigencias!", y ésta fue la principal causa de mi odio hacia ella.

Los males se tocan con los bienes y, víctimas del error, convertimos a veces las virtudes en gravísimos defectos. Cuanto puedas, mira desde el punto de vista más desfavorable las dotes de tu amada, y que turbe tu opinión la línea imprecisa que separa el mal del bien. Llámala rechoncha si es llena de carnes; si es morena, califícala de negra, y puedes tratar de flaca a la que alardea de su esbeltez; si no te ofenden sus toscas maneras, tenla por desvergonzada, y si aparece modesta, despréciala por insípida. Más aún: exígele con frases persuasivas a lucir las habilidades que menos posea. Si carece de voz, exígele que cante, o que baile si no sabe mover ni los brazos; enrédate con ella en larga conversación si habla como un ganapán; pídele que taña la lira si ignora pulsar sus cuerdas; si anda sin garbo, invítala a moverse, y si sus pezones le cubren todo el pecho, quítale la faja que lo disimula. ¿Tiene feos

* Hijo de Esculapio.

dientes?; cuéntale historietas que la hagan reír. ¿Lagrimean sus ojos?; háblale de cosas que la hagan llorar.

Darás un golpe decisivo si corres por la mañana a su casa y la sorprendes antes de que se haya arreglado. Los adornos nos seducen; con el oro y las piedras preciosas se tapa todo, y la joven viene a ser una mínima parte de su propia persona. Entre tantos adornos, apenas adviertes lo que de veras hayas de admirar. El Amor se vale de la riqueza como de una égida que fascina nuestros ojos. Preséntate de improviso, sorpréndela desarmada, y la infeliz caerá del pedestal por sus propios defectos. Mas no fíes demasiado en este aviso: la belleza cautiva a muchos con su aparente carencia de artificios.

Tampoco impide el decoro que te presentes a la vista de tu amada en el momento de untarse la cara con los mejunjes que al efecto preparó. Allí descubrirás sus frascos con coloretes de mil tipos, y verás fluir los ungüentos sobre sus tibios senos. Aquellas drogas, ¡oh Fineo!,* apestan como los manjares de tu mesa, y más de una vez han revuelto con las náuseas mi estómago.

Ahora voy a indicarte lo que te será muy útil en el mismo instante del placer; para ahuyentar al amor es preciso recurrir a todo. La vergüenza me prohibe descender a ciertas minuciosidades, pero tu agudeza suplirá lo que falte en mis palabras. Días atrás se revolvía contra mis escritos un censor porque, a su juicio, mi musa se pasaba de libertina; mas en tanto que agrade al lector y mi nombre recorra el universo, me importa muy poco que éste y aquél ataquen mi obra. La envidia deprimió el ingenio del sublime Ho-

* Rey de Tracia cegado por los dioses; cuando comía las Harpías ensuciaban su comida.

mero; seas quien seas, Zoilo,* tienes el nombre de envidioso. Lenguas sacrílegas se ensañaron contra sus versos, ¡oh poeta, que condujiste a Italia los vencidos dioses de Troya! La envidia persigue al que destaca, los vientos alborotan las alturas y los rayos fulminantes de Júpiter hieren las cimas elevadas. Tú, censor adusto, que te escandalizas de mi licencia, si tienes un poco de sentido, aprende a juzgar las cosas en su justo valor. Las guerras heroicas piden el metro meonio,** que no se acomoda a la expansión de las delicias voluptuosas. El tono de la tragedia es robusto; a su fuerza conviene el elevado coturno; al zueco de la comedia sienta mejor un estilo llano. El yambo libre por demás, ora rápido, ora arrastrando su último pie, láncese como un dardo contra los enemigos; la blanda elegía cante los amores provistos de la aljaba, y como dulce amiga retoce a su antojo. La fama de Aquiles rechaza los versos de Calímaco,*** y Cidipe**** no merece los cantos de Homero. ¿Quién sufrirá que Tais represente el papel de Andrómaca?***** Pues lo mismo desatina el que da a Andrómaca el papel de Tais. Tais inspira mis cantos de libertad, mi concupiscencia es libre. Renuncio a la venda de las vestales; Tais es mi heroína. Si mi Musa responde a la alegría del asunto, logré la victoria, y faltarán al acusador las pruebas de mi delito.

Revienta de despecho, roedora envidia; ya he conquistado gran fama, y aún será mayor si continúo del modo que comencé. Te apresuras demasiado; como yo viva ten-

---

* Gramático de Alejandría, detractor de Homero.

** El hexámetro de Homero, que se dice nació en Meonia.

*** Calímaco fue poeta elegiaco y no épico.

**** Personaje de Calímaco.

***** Thais es la famosa cortesana, mientras la princesa troyana era el arquetipo de la fidelidad.

drás motivos de dolor, porque en mi cabeza bullen proyectos de otros muchos poemas. Amo la gloria, y el honor conquistado estimula mi genio. Mi corcel se fatiga sólo al comenzar la ascensión de la montaña. La elegía se reconoce tan deudora a mis esfuerzos como la noble epopeya a los de Virgilio.

Con esto respondemos a la envidia. Poeta, sujeta tu corcel y gira en el círculo que te has trazado.

Así que te inciten los placeres tan gratos a la juventud y se acerque el momento de la noche prometida, a fin de que no te dominen los transportes de la amiga que estrechas ardoroso en tus brazos, quiero que antes busques y tropieces con una cualquiera que satisfaga tus anhelos de placer. El placer que sigue inmediato a otro es menos intenso, y diferido tiene menos ardor. Con el frío buscamos el sol; si éste nos quema, la sombra, y el agua deleita a la boca angustiada por la sed.

Me da vergüenza, pero lo diré: al hacer el amor elige la postura que creas menos favorable a tu amiga. La cosa no es difícil; pocas se confiesan a sí mismas la verdad y reconocen un lunar que no les favorece. Entonces, te lo ordeno, abre todas las ventanas y a plena luz contempla los defectos de su cuerpo. Y en cuanto hayas agotado el placer hasta las heces, y tu cuerpo y tu alma se derrenguen de laxitud, tanto que, lleno de hastío, quisieras no haber tocado jamás a ninguna mujer, y te prometas no tocarla en mucho tiempo, graba en tu memoria las imperfecciones físicas notadas y no apartes un instante de ellas tu consideración.

Quizás alguien me objete, y no sin fundamento, que estos medios no son muy útiles. Cierto; pero si aislados son ineficaces, ayudan mucho reunidos. La pequeña víbora mata con su mordedura al toro corpulento, y un perro de escaso poder mantiene a raya la embestida del jabalí.

Aprovecha, pues, la fuerza del número, reúne las advertencias que te dirijo y forma con todas un haz apretado.

Mas como son tan distintos los caracteres y fisonomías de las personas, no todas se han de guiar por mis consejos. El hecho que no ofende a tu conciencia, a juicio de otro acaso constituye un delito. Éste sintió paralizarse su amor en mitad de la carrera, porque el cuerpo desnudo de su amiga dejó al descubierto las partes pudendas, aquél porque al incorporarse cansado de los deleites de Venus notó huellas repulsivas en el sucio lecho. Los que pudisteis mudar de conducta por tan leves motivos, jugabais con el fuego: tan débil era la llama que caldeaba vuestros pechos. Mas que el niño alado tense bien la cuerda de su arco; presto la turba de los heridos vendrá a pedir eficacísimos auxilios. ¿Qué diré del que se oculta y sorprende a su amada en el momento de hacer sus íntimas necesidades y ve lo que la decencia siempre ha prohibido mirar? No quieran los dioses que aconsejemos a nadie este atrevimiento; tales recursos, aunque útiles, no deben ponerse en práctica; pero apruebo que tengáis al mismo tiempo dos queridas, y el que pueda aumentar el número aún se sentirá más fuerte. Cuando la inclinación se divide entre uno y otro amor, la influencia de uno debilita el poder del otro. Los ríos caudalosos menguan divididos en multitud de arroyos, y la llama se apaga quitándole la leña de que se alimenta. Un áncora no alcanza "a sujetar las calafateadas naves, ni un solo anzuelo a quien pesca en las aguas transparentes. El que de antemano se preparó un doble solaz, desde entonces aseguró su victoria sobre la ciudadela enemiga. Ya que te entregaste con tan poca cautela a una sola, busca al menos desde ahora una nueva rival. El infiel Minos, subyugado por Procris, traicionó a Pasifae, y la primera esposa vencida cedió el puesto a la segunda. El hermano de Anfíloco* sepultó en el olvido a la hija de Fegea desde el momento que Calirroe le admitió en su lecho, y Enone** hubiese dominado a Paris muchos años si no se lo arrebatara la adúltera Oebalia. La hermosura de Procne habría satisfecho al tirano de Odrisia,*** a no palidecer ante la de su hermana, a quien retenía prisionera.

¿Mas a qué detenerme con tan innumerables ejemplos que producen fatiga? Siempre un nuevo amor acaba con el precedente. La madre de varios hijos soporta mejor la pérdida de uno de ellos que la que exclama llorosa: "Tú eras mi único consuelo". No vayas a figurarte que te alecciono con nuevas máximas: ojalá me perteneciese la gloria de esta invención. El Átrida**** las conoció, ¿y cómo no creerlas lícitas el que disponía a su arbitrio de toda la Grecia? Vencedor del enemigo, cautivó y amó a la joven Criseida;***** pero su anciano padre alborotaba el campo a fuerza de lamentos. Viejo estólido, ¿por qué lloras así? Los dos amantes son felices, y con tu empeño por rescatarla, vas a perder a tu hija. Calcas,****** seguro de la protección de Aquiles, pide que se restituya la cautiva, que por fin volvió a la casa paterna, y entonces exclama el Átrida: "Hay otra, de belleza parecida a la suya y del mismo nombre, variando la primera sílaba; exijo que Aquiles me la ceda de buen grado, poniéndose en lo justo; de lo contrario sentirá la fuerza de mi poder. Aqueos, si alguien de vosotros vitupera mi resolución sabrá lo que vale el ce-

* Alcmeón.
** Una ninfa.
*** Tereo, rey de Tracia; su cuñada era Filomena.
**** Agamenón.
***** Hija de Crises, sumo sacerdote de Apolo.
****** Adivino griego durante el sitio de Troya.

tro empuñado por mi mano vigorosa, pues si siendo yo el rey no consigo que Briseida participe de mi lecho, habré de dar licencia a Tersites* para que me suplante en el reino." Así dijo, recibió a esta joven en compensación de la primera, y olvidó la antigua cuita en sus brazos amorosos.

Del mismo modo, imitando a Agamenón, abrásate en dos llamas a la vez, y que tu pecho se divida entre dos mujeres. ¿Dónde encontrarlas?, me preguntas. Anda, déjate guiar por mis reglas, y bien pronto tu nave se llenará de bellas muchachas.

Si mis preceptos se estiman de algún valor y Apolo por mi boca enseña algo que sea útil a los mortales, aunque te tuestes, desdichado, en el fuego del Etna, procura aparecer, en presencia de tu amada, más frío que el hielo; simula hallarte sano, aunque te aflija la dolencia, y ríete cuando tengas motivos para llorar. No te ordeno romper los lazos que te sujetan en los críticos momentos de la exaltación desbordada, no soy capaz de imponerte leyes tan duras, sino que disfraces tus sentimientos, que afectes haber recuperado la tranquilidad, y lo que finjas bien hoy, mañana será una verdad. Muchas veces, por evitar la embriaguez, quise parecer dormido, y fingiendo dormir, acabé por entregar al sueño mis cansados ojos; y me reí otras tantas del mancebo que se engañaba a sí mismo fingiéndose enamorado y caía presa, cual torpe cazador, en sus propias redes. El amor entra en el alma por la costumbre, y por la costumbre llega a olvidarse. El que tenga brío y se imagine libre, acabará siéndolo realmente.

Si ella te dice que vayas a gozar de la noche que te ha prometido, no faltes; si acudes y encuentras la puerta ce-

* Famoso por su fealdad y su lengua viperina.

rrada, sopórtalo. No recurras a las súplicas o las amenazas, ni por eso vayas a tenderte desesperado en la fría entrada; y a la mañana siguiente no la recrimines por el engaño, ni le dejes ver en tu expresión las señales del dolor. Ya depondrá su altivez observando tu indiferencia, y éste será un beneficio que debas a mis lecciones. Procura, en fin, ilusionarte de veras hasta que logres verte libre del cautiverio. El caballo rechaza con frecuencia los frenos que pretenden sujetarlo. Oculta tu interés y vendrá a suceder lo que te propones. El pájaro se burla de las redes que se descubren demasiado. Porque no viva tan satisfecha que te abrume a fuerza de desprecios, muéstrate altivo con ella, y su arrogancia cederá a tu entereza. ¿Su puerta se halla por casualidad abierta?; pues, aunque te llame, pasa sin entrar. ¿Te concede una noche?; duda si podrás acudir esa precisa noche. A poca paciencia que tengas, esto es fácil de soportar, y por ende te permito distraerte en los brazos de cualquier mujerzuela.

¿Quién osará tachar mis preceptos de excesivamente duros, cuando represento el papel de un hábil conciliador? Cuanto varían los caracteres humanos, tanto varían mis reglas, y a las mil especies de enfermedades acudo con mil distintos remedios. Hay dolencias que apenas alcanza a curar el filo del hierro, y otras que se aplacan con los jugos de ciertas hierbas medicinales. Si eres débil, y no tienes resolución para huir y librarte de tus cadenas, y el Amor, cruel, oprime tu cerviz con su planta, cesa de luchar, deja que los vientos impulsen tus velas, y sigue, ayudado del remo, la dirección en que te arrastren las olas. Necesitas templar la sed ardiente que te abrasa, lo reconozco, y te permito calmarla en medio del río, pero bebe mucho más de lo que reclama tu ansiedad, hasta que rebose de tu boca el agua que acabas de sorber. Goza sin freno de tu amada, sin que nadie te lo prohiba; dedícale tus noches y tus días; apura el placer hasta la saciedad, y ésta se encargará de poner término a tus males; permanece junto a ella aunque tengas suficiente, y así que te hayas hartado de placeres, y los excesos te produzcan hastío, ya no te gustará ni pisar los umbrales de su casa.

El amor mucho tiempo alimentado por los celos; si quieres ahogarlo en tu pecho, ahoga la duda. Toda la ciencia de Macaón* sería impotente para sanar al que teme perder su querida o que un rival se la quite. La madre de dos hijos siempre sufre más por aquel que está en la guerra, cuya vuelta es tan insegura.

Junto a la puerta Colina álzase un templo venerable, al que dio su nombre el elevado monte Erix;** allí reina el Amor Leteo,*** que sana los corazones enfermos sumergiendo sus antorchas en las heladas aguas; y allí corren los jóvenes a pedirle el alivio de sus penas, y las doncellas locamente enamoradas de un hombre insensible. Este numen me habló así (dudo si fue el verdadero Cupido o un sueño, pero me inclino a lo último):

"¡Oh tú, que, solícito, ya enciendes, ya extingues las llamas de Venus, Ovidio!; añade a tus lecciones este precepto mío: represéntese cada cual el cuadro de sus males y olvidará sus amoríos. El cielo los ha repartido a todos en cantidad más o menos considerable. Aquel que ha tomado dinero en prés-tamo, tema el puteal,**** tema a Jano y la pronta vuelta de las calendas. El que tenga un padre despiadado, aunque todo le salga a medida del deseo, lleve

---

* Hijo de Esculapio.

** Templo consagrado a Venus.

*** El amor que hace olvidar.

**** Pozo en cuya cercanía administraban justicia los pretores; los prestamistas y usureros se reunían en la plaza vecina del templo de Jano.

siempre por delante la dureza de su progenitor. El otro que vive en la estrechez con una esposa de dote exigua atribuya al matrimonio el principio de sus desdichas. Si posees en tu fértil heredad una viña de exquisitas uvas, concibe el temor de que éstas se sequen al nacer. El que espera el regreso de su nave, represéntese la violencia del oleaje y el litoral cubierto con los restos del naufragio. Al uno llena de angustia el hijo soldado, al otro la suerte de su hija casadera; ¿y a quién no afligen mil causas de inquietud? ¡Oh Paris, cómo hubieses aborrecido a tu Helena reproduciéndote en la imaginación el desastroso fin de tus hermanos!"

El dios hablaba todavía, cuando su imagen infantil se desvaneció con mi sueño, si en verdad aquello fue un sueño. ¿Qué hacer? Palinuro* abandona el barco al furor de las ondas y navega a la fuerza por rutas desconocidas.

¡Oh tú que amas, evita la soledad, siempre funesta! ¿Adónde huyes? Entre la turba estarás bien seguro. No tienes necesidad de aislarte, el aislamiento agravaría tus zozobras, que hallarán grande alivio en las reuniones numerosas. Si permaneces solo, te dominará la tristeza, y la cara de tu amante abandonada se ofrecerá a tu vista como si fuese su misma persona; por eso la noche es más triste que la claridad del día, porque en ella le falta al desdichado el consuelo de los amigos que alivian las penas. No rehuyas la conversación, no cierres la puerta de tu casa ni sepultes el atribulado semblante en las tinieblas; ten siempre cerca de ti un Pílades que consuele a Orestes;** en tales casos la amistad es un bálsamo que cicatriza profundas llamas. La soledad de las selvas, ¿no puso el colmo a la desesperación de Filis? La verdadera causa de su muerte se explica por el

* El piloto de Eneas.

** El prototipo de la amistad ideal.

abandono. Vagaba con los cabellos revueltos, como la turba de las bacantes que suelen ir cada tres años a celebrar las orgías de Baco en el monte Edón, y ya tendía la vista a lo lejos por la inmensa llanura del mar, ya muerta de fatiga se desplomaba en la arenosa playa.

"¡Pérfido Demofonte!", gritaba a las sordas olas, y los sollozos interrumpían sus quejas lastimeras. Un estrecho sendero, cubierto de opacas sombras, conducía hasta el litoral, y la desdichada lo recorre ya por la novena vez. "Sabrá mi resolución", dice, y cubierta de palidez, mira la faja que ciñe su pecho, observa las ramas de los árboles, vacila, condena el hecho que se apresta a realizar, tiembla y se lleva las manos al cuello. ¡Desgraciada Filis!, ojalá no te encontraras sola en aquel trance; los árboles de la selva, desnudos de hojas, no habrían llorado tu suerte lamentable. Joven ofendido por tu amante, doncella que sufres los desvíos del mancebo, huid de la soledad, aleccionados por el ejemplo de Filis.

Un mozo que obedeció fielmente los consejos de mi Musa, consiguió arribar a puerto de salvación; mas tropezando con una turba de amantes apasionados, vino a recaer, víctima de los dardos que Cupido llevaba ocultos. Si amas y quieres verte libre, evita la compañía de los enamorados: este contagio alcanza al hombre lo mismo que a los ganados. Mientras los ojos contemplan las heridas ajenas, siéntense heridos a su vez, y al ponerse los cuerpos en contacto, se transmiten muchas dolencias.

En un campo árido suele suceder que surja el agua que procede de un río próximo; así resurge el amor que parecía extinguido, si no evitamos la compañía de los que aman; pues en este particular todos solemos engañarnos.

Uno por fin estaba curado, recayó por la vecindad de un enfermo; otro se sintió desfallecer a la presencia de la que fue su amiga; la cicatriz, mal curada, descubrió la antigua herida, y mis lecciones no le fueron de ningún provecho. Con dificultad te defenderás del incendio que destruye la casa vecina; te será, pues, conveniente rehuir los sitios por donde pase tu amada. No acudas al pórtico en que ella suele pasear, y evita tropezar con ella en las visitas que la educación te prescribe. ¿Qué sacarás de reanimar a su vista la llama casi apagada? Si puedes, trasládate a la otra punta del mundo. El estómago hambriento no puede contenerse ante una mesa bien dispuesta, y el arroyo que salta incita la congoja del sediento. Difícil empresa la de detener al toro que ve a la ternera, y el semental siempre relincha cuando divisa la yegua.

Aunque hubieses seguido estos consejos, no es suficiente que abandones a tu dueño, si quieres pisar indemne la playa; es necesario también que te despidas de su madre, de su hermana, de la nodriza que le sirvió de confidenta y de cuantas personas tengan con ella la menor relación. Teme que un siervo o una criada con fingidas lágrimas se te acerque suplicante a saludarte en nombre de su señora, y no le preguntes cómo se encuentra por más que te interese el saberlo. Contén la lengua, y tu discreción alcanzará el debido premio.

Tú, que pregonas los cien motivos que tuviste para romper definitivamente con ella y las muchas razones que provocaron tus fundadas quejas, deja de quejarte, véngate mejor callando, y así llegarás a olvidarla sin sentimiento. Preferible es que calles a manifestar que la desprecias. El que confiesa a todos que no ama, ama todavía.

Se extingue la llama con más seguridad poco a poco que pretendiendo ahogarla de repente. Retírate con paso lento y será cierta tu salvación. El torrente suele precipitarse con más violencia que el curso sosegado del río; mas la carrera del uno es breve y la del otro incesante. Que tu pasión efímera se desvanezca como nube en los aires y se muera suavemente, sin esfuerzo. Es un crimen odiar hoy a la que amabas ayer: tan rápidas mudanzas sólo convienen a caracteres atroces; basta que no te preocupes de ella: el que trueca el amor en odio, o todavía ama o difícilmente dejará de ser desdichado. Espectáculo torpe el de dos amantes ayer unidos tiernamente, que se aborrecen de pronto como dos enemigos irreconciliables. Las mismas Appíades* desaprueba semejantes querellas.

Es cosa común acusar a la delincuente y quererla. Cuando el resentimiento desaparece, el amor, libre de lazos, se aleja con prontitud.

Serví un día de testigo a cierto joven cuya amiga acudió al juicio en litera, y sus palabras todas lanzaban contra ella horrendas amenazas. Ya se disponía a formalizar la querella, cuando dice: "Que salga de la litera". Ella salió, y a la vista de su amante, éste quédase mudo, los brazos se le caen y las tablillas se le escapan de las manos; corre a abrazarla, y exclama: "Has vencido". Creo más seguro y conveniente separarse sin reñir que desde el tálamo pasar a los litigios forenses. Deja que se aproveche tranquila de los regalos que le hiciste; tan pequeño sacrificio te reportará grandes ventajas.

Cuando la casualidad os reúna en el mismo sitio, no olvides emplear las armas que te he dado. Si el trance te obliga a pelear, lucha valerosamente; Pentesilea** caerá al rigor de tus dardos. Piensa entonces en tu rival, en la puerta cerrada a tus pretensiones y los falsos juramentos en que puso por testigos a los dioses. No perfumes tu ca-

---

* Véase llamada 2, pág. 20.

** La reina de las Amazonas.

bello porque vayas a visitarla; no te esmeres en componer los pliegues ondulantes de la toga ni pongas tanto empeño en agradar a la que ya no te pertenece, y arréglate, en fin, de modo que ella no sea para ti más que una de tantas.

Voy a revelarte los obstáculos que se oponen principalmente a nuestros designios, y que cada cual se aleccione por la propia experiencia. Abandonamos tarde nuestras pretensiones, porque confiamos ser amados todavía. A todos nos embriaga el amor propio y nos infunde una necia credulidad. No te fíes de las palabras; ¿hay cosa más falsa?; los mismos dioses inmortales les niegan todo valor; ni te conmuevas por el llanto de las que enseñan a sus ojos a llorar con oportunidad. El corazón de los amantes se ve combatido por mil estratagemas, como la piedrezuela de la playa resbala de aquí para allá arrastrada por las olas. No declares los motivos que tienes para desear la ruptura, ni confieses la causa de los dolores que padeces en silencio; no le reproches sus deslealtades, porque te abrumará con sus razones; al revés, procura que su causa parezca mejor que la tuya: el que calla da pruebas de entereza y el que llena de oprobios a su amada le pide una contestación que le satisfaga. No me atrevo, imitando al rey de Duliquio,* a sumergir en el río las furiosas saetas y las antorchas del Amor; no intento cortarle las alas de púrpura, ni aflojar las cuerdas de su divino arco con mis lecciones. Mis cantos se limitan a daros consejos; seguidlos, amantes. Tú, Febo, numen de la salud, como siempre lo has hecho, ayúdame en mi empresa.

Ya te veo, ya oigo sonar tu lira y las flechas de tu aljaba; por estas señales reconozco al dios que me ayuda.

Compara con la púrpura de Tiro la lana teñida en la

* Ulises.

caldera de bronce de Amiclea, y ésta te parecerá más grosera; así vosotros comparad vuestras amigas con las más hermosas, y cada cual comenzará por avergonzarse de la suya. Juno y Palas resplandecieron igualmente hermosas a la vista de Paris; mas comparadas con Venus, las dos quedaron vencidas. Y no sólo la compares por el cuerpo, sino también por su genio y habilidades, y, sobre todo, que la obcecación no ofusque tu juicio.

Poca importancia tiene lo que me queda por advertiros; sin embargo, fue útil a muchos, entre los cuales yo mismo me cuento. No te entretengas en leer las misivas que guardes de tu dulce amiga: el temple más firme vacila con tan peligrosa lectura. Aun a tu pesar, entrégalas al fuego, y exclama: "Que este fuego devore mi ardor". La hija de Testio* abrasó con un tizón a su hijo ausente, ¿y tú vacilas en arrojar a las llamas esas pérfidas palabras? Si puedes, aparta de ti su imagen; ¿qué placer sacarás de una muda representación? Este delirio perdió a Laodamia.** Asimismo te afligirá la vista de muchos sitios; huye de aquellos que por haber sido testigos de tus dichas te produzcan dolor. "Aquí estuvo, aquí se acostó; éste es el tálamo en que dormimos, aquí me harté de placer durante larga noche." Con el recuerdo se renueva el amor, se abre la cicatriz reciente y los enfermos recaen a la menor imprudencia. Como si aplicas azufre a la ceniza casi apagada, el fuego vuelve a tomar cuerpo, hasta producirse un gran incendio, del mismo modo, si no evitas lo que recrudece tu pasión, se convertirá en hoguera la llama que fue casi nada.

Las naves de Argos hubiesen querido alejarse del promontorio de Cafarea y del faro que encendió Nauplio

* Altea, madre de Maleagro.
** Que estaba desesperada por la partida de Protesilao.

para vengar la muerte de su hijo,* el cauto marinero se regocija de haber pasado el estrecho de Escila; así tú huye de frecuentar los sitios que un día te fueron gratos; en ellos están tus Sirtes, tus rocas Acroceranias, y desde ellos vomita la cruel Caribdis** las olas que acaba de tragar.

Hay cosas cuyo empleo no debe aconsejarse a nadie, que son infalibles recursos si los aconseja el azar. Que Fedra pierda sus riquezas, y Neptuno salvará a su nieto,*** conteniendo al monstruo que espantó sus temerosos corceles. Reduce a Pasifae a la indigencia, y amará con más seso: las riquezas alientan el desenfreno de la lujuria. ¿Por qué ninguno sedujo a Hécale y ninguna a Irón? Porque éste era indigente y aquélla pobre. La pobreza no tiene con qué alimentar el amor; sin embargo, no es suficiente razón para que la desees.

Más conveniente te será no asistir a los teatros mientras no hayas vencido del todo la dolencia que agobia tu pecho. Allí se enerva el ánimo a los acordes de la cítara, al son de la flauta y la lira, del canto y la danza con sus movimientos armoniosos; allí se representan a diario ficticias pasiones, y el actor, con arte maravilloso, te enseña los peligros que has de precaver y los placeres que labran la felicidad.

Lo digo a mi pesar, no leáis a los poetas eróticos; autor impío, me revuelvo contra mis propios escritos. Huye de Calímaco, que no es enemigo del amor, y del poeta de Cos,**** tan nocivo como el primero. Safo, en verdad, me

---

* Palamedes.

** Remolino del mar de Sicilia, en el estrecho de Mesina, frente a las rocas de Escila.

*** Hipólito.

**** Filetos de Cos.

inspiró gran ternura hacia mi amiga, y en el viejo de Teos* no aprendí la mayor rigidez de costumbres. ¿Quién leerá sin peligro los versos de Tibulo, o los del vate dominado sólo por Cintia?** ¿Quién puede permanecer indiferente ante la lectura de Galo? Hasta mis versos no sé qué tienen de sugestivos.

Y si Apolo que me los dicta no me engaña, siempre es un rival la causa primera de nuestros daños. No te imagines nunca que lo tienes, y cree que tu amada descansa sola en el lecho. Orestes amó con febril vehemencia a Hermíone desde el instante que ella aceptó la compañía de otro varón.

¿De qué te quejas, Menelao? Fuiste a Creta sin tu esposa, permaneciste allí largo tiempo privado de sus caricias, y así que Paris te la arrebató, juzgaste insoportable vivir un instante sin su compañía, y el amor de otro exacerbó el tuyo. Lo que más lloró Aquiles al perder a Briseida fue verla ir al lecho del hijo de Plistenes;*** y creedme, no lloraba sin razón. El vástago de Atreo hizo con ella lo que forzosamente había de hacer, a menos de declarar su vergonzosa impotencia. Yo hubiera hecho otro tanto, porque no soy más sabio que él, y esto dio lugar a su funesta rivalidad con Aquiles. Cuando juraba por su cetro no haber tocado nunca a Briseida, seguramente no creía que su cetro fuese un dios.

Quieran los dioses que tengas el valor de pasar sin detenerte por el umbral de tu abandonada amiga y los pies no desmientan tu propósito; lo tendrás, si lo quieres con firmeza; mas entonces es preciso que aceleres el paso y

---

* Anacreonte de Teos.
** Propercio.
*** Agamenón.

claves las espuelas en los ijares del veloz caballo. Figúrate su casa como el antro de los lotófagos o las sirenas, y ayuda las velas con el empuje de los remos. Desearía también que cesases de mirar como un enemigo al rival de quien antes te dolías con amargura; aunque el odio te embargue, salúdale con afecto, y el día que puedas abrazarle estarás curado del todo.

Por último, cumpliendo las obligaciones de un médico advertido, os prescribiré los manjares de la que habéis de huir y de los que podéis tomar. Reputo nociva cualquier planta bulbosa, provenga de Daunia, de la costa de Libia o de Megara; conviene no probar el jaramago estimulante y lo que predisponga el cuerpo a los deleites de Venus: más saludable te será la ruda, que enciende el brillo de los ojos, y lo que adormezca en tu sangre los impulsos de la sensualidad. Me preguntas qué aconsejo respecto al vino, y voy a darte la contestación antes de lo que esperas. El vino predispone el ánimo del placer, si no se apura con abundancia; mas la embriaguez embota nuestros ardientes deseos. Con el viento se aviva la llama y con el viento se extingue; si es suave, la alimenta; si fuerte, la destruye. O no te embriagues o, si lo hicieres, sea tan grande la borrachera que te libre de todos los cuidados: en tal alternativa el justo medio es siempre perjudicial.

He acabado mi tarea: coronad de guirnaldas mi fatigada nave; por fin llega al puerto adonde me dirigía. Hombres y mujeres, que habéis alcanzado la curación por la bondad de mis consejos, algún día daréis a vuestro poeta piadosas acciones de gracias.

Índice

Estudio preliminar

El arte de amar

El remedio del amor